이슈파이터

이슈파이터

초판 1쇄 인쇄 2013년 09월 13일
초판 1쇄 발행 2013년 09월 23일

지은이	박 대 길
펴낸이	손 형 국
펴낸곳	(주)북랩
출판등록	2004. 12. 1(제2012-000051호)
주소	153-786 서울시 금천구 가산디지털 1로 168, 우림라이온스밸리 B동 B113, 114호
홈페이지	www.book.co.kr
전화번호	(02)2026-5777
팩스	(02)2026-5747

ISBN 979-11-5585-035-0 03340

이 도서의 국립중앙도서관 출판시도서목록(CIP)은 서지정보유통지원시스템 홈페이지(http://seoji.nl.go.kr)와 국가자료공동목록시스템(http://www.nl.go.kr/kolisnet)에서 이용하실 수 있습니다.
(CIP제어번호 : 2013018195)

이슈파이터 박대길이 완벽 복기한 2012년 대선과 대한민국

ISSUE FIGHTER
이슈파이터

움직여라!
지금 당장 정체된 세상에
자신의 생각을 던져라!

박대길 지음

나는 이슈파이터다

필자는 제18대 대통령선거에서 새누리당 박근혜 대통령후보를 위해 뛰었다. 이슈파이터로서의 필자의 성과는 투자대비 효과 차원에서 독보적이었다고 평가할 수 있을 정도로 자부한다.

매일 혼자만의 힘으로 만든 '대선 이슈 따라잡기'라는 이슈파이팅 소스 모음집을 주요 선대위 관계자들에게 배포해 적기에 조직적인 대응이 가능토록 하는 데 기여했을 뿐만 아니라, 블로그를 통해 이슈에 대한 캠프 측의 입장을 대변할 수 있는 파이팅 소스와 논리를 생산해내 여론의 향방에 영향을 미쳤기 때문이다.

제18대 대선에서 SNS는 과거와 달리 보수 진영에서도 대단한 관심과 배려(?)를 받았지만, 투자대비 효과 차원에서 필자가 생각한 가장 큰 문제는 '재료의 부재'였다. 선거운동을 위한 SNS인프라는 갖췄는데, 이를 이용할 수 있는 소스가 없거나 부족한 것이다.

또 다른 문제는 갖춰진 인프라를 이용할 수 있는 소스가 있어도 그것을 만든 사람이나 만든 사람의 상사만 알고 있어 확산이 안 될 뿐만 아니라 이들은 이슈파이터가 아니기 때문에 소스 개발의 실익을 얻기 어려운 구조와 함께 관련 조직 간에도 서로 돕지 않는다는 것이었다.

사통팔달의 도로는 만들어졌는데, 이를 이용할 수 있는 자동차가 그만큼 많지 않다면 그 도로들은 제 기능을 할 수 없어 적자를 낳고, 결국은 골칫거리가 되듯이 인프라를 이용할 수 있는 '꺼리'가 없다면 그것은 단순히 있고 없고의 차이를 떠나 조직과 사회 전체에 악영향을 줄 수 있다.

필자는 SNS 인프라를 활용할 수 있는 이슈파이팅 소스를 만들어냈고 또한 이를 배포하는 역할까지 대부분 혼자 해냈으니 누가 알아주진 않아도 이렇듯 자부심을 가지는 것이다.

그럼에도 여전히 부족함이 많지만 1인 미디어 시대, 이슈파이터의 시대를 열어가는 데 아주 작은 흔적이라도 남기고자 이 책을 통해 필자 나름의 이슈파이팅 실전 사례들을 독자들과 공유하려 한다.

두려움도 크다 '이슈파이터'라는 현실 정치의 최전방 부대를 다루기 때문에 그 표현이나 풀이, 평가가 때론 독자들에게 냉혹한 정치 현실로, 선거에서 이기기 위한 맹목적인 활동으로 비춰질까 걱정되기 때문이다.

부디 이 책을 보실 때, 〈삼국지〉를 읽을 때처럼 위, 촉, 오나라가 이렇게 싸웠구나 하고 이해하는 정도로만 봐주시되, 조조와 유비 중 누가 더 훌륭한 인물인가 하는 선호와 판단은 잠시 내려주시길 간곡히 부탁드린다.

2013년 가을

박대길

1장
기본편

❖❖❖

이슈파이터
ISSUE FIGHTER

이슈파이터

이슈파이터(Issue Fighter)란 말 그대로 이슈를 놓고 싸움을 펼치는 사람이다. MBC TV 〈100분 토론〉과 같은 시사프로그램에서 토론자로 나서는 이들도 이슈파이터라 할 수 있겠고, 다음의 아고라나 일간베스트와 같은 웹사이트에서 특정 이슈에 대해 이런저런 논리로 갑론을박을 벌이는 이들도 역시 이슈파이터라 할 수 있겠다.

그런데 특정 분야에 대해 깊이 연구하고 자신만의 의견을 가진 이들은 다들 그 분야의 '전문가'라고 하지 '파이터'라는 이름을 붙이지 않는다. 파이터라는 명칭은 아무래도 권투 선수처럼 치고받는 것이 일상인 이들에게 어울리는 것이다. 여기에 '이슈'라는 말을 덧붙였으니 이슈에 대해 주먹이 아닌 언어로 치고받는 것이 일상인 이들이 이슈파이터라고 할 수 있을 것이다.

정리하자면, 이슈파이터란 사회적 이슈에 대해 자신의 의견을 달며 이슈에 대한 사회적 평가에 영향을 미치는 사람이라 할 수 있겠다.

좀 더 쉽게 설명할 순 없을까? 외래어인 '이슈'라는 말의 사전적 의미는 '쟁점'이다. '쟁점'의 사전적 의미는 '서로 다투는 중심이 되는 점'으로 쉽게 말하자면 '논쟁거리'다.

그리고 이런 논쟁거리는 어디에나 있다.

"오늘 점심은 어떻게 할까?" "집에 밥 있어." "간만에 맛있는 거 먹자."

이런 짧은 부부간의 대화 속에서도 점심이란 논쟁거리는 물론 집에 밥이 있으니 집밥을 먹자는 주장과 외식을 자주 하지 않아서 오늘만큼은 집밥 말고 밖에서 사 먹자라는 주장을 하는 것이다.

점심이라는 이슈를 가지고 집에서 먹자, 밖에서 먹자는 주장을 펼치는 파이터의 모습은 우리 주변에서도 흔히 발견할 수 있는 것처럼 우리들 대부분은 이슈파이터라고 할 수 있다. 하지만 이렇게 범위를 넓혀 버리면 너무도 흔해서 가치가 떨어진다. 그래서 좁혀본다.

집밥파와 외식파의 대결! 누가 승리할 것인가?

우선 남편의 논리다.

· 밥을 해놨는데 안 먹으면 상한다. 아깝다.
· 밥이 상하면 음식물쓰레기가 늘어나고 그만큼 환경이 오염된다.

이렇게 자신의 주장을 뒷받침할 수 있는 논리를 만들어내기도 하고

· 음식물쓰레기 봉투도 돈이고, 밖에서 사먹으면 돈이 나간다.
· 마땅히 밖에서 먹을 만한 것도 없고, 우리 형편에 무슨 외식이냐.

상대의 주장에 허점을 찾아 공격하기도 한다.

아내도 질 수 없다.

　·해놓은 밥은 저녁에 먹던지 냉동실에 보관하면 된다.

남편의 첫 번째, 두 번째 주장은 설득력을 잃는다.

　·집밥은 무슨 공짜냐. 우리가 외식 한 번 할 능력도 안 되냐.

남편의 세 번째, 네 번째 주장의 설득력이 약해진다.

약육강식(弱肉强食)이란 말처럼 자신의 주장을 뒷받침할 논리가 약하면 결국에는 진다. 인간은 합리적이기 때문이다. 그래서 우리는 자신의 말과 행동에 갖가지 의미를 부여하는 데 많은 에너지를 소모한다. 따라서 논쟁이 일상 같은 이슈파이터라면 이슈에 대해 의미를 부여하고 논리를 만들어내는 일에 소홀해서는 안 된다.

그럼에도 아직 '점심'이라는 이슈가 사라지진 않았다.

　제때 먹지 않은 밥은 맛이 없다.

　아껴야 잘 산다.

　어떻게 칼 같이 살 수 있나.

　충분히 아꼈다. 내가 외식도 못할 만큼 가치가 없나.

이렇게 논쟁이 진행되다 보면 더 이상 논쟁이 아닌 "안 먹어"와 같이 서로가 원치 않는 결과나 진짜 싸움이 날 수도 있다. 때문에 이슈파이터는 적정선을 잘 지켜야만 살아남을 수 있다.

더구나 이 책에서 다룰 '이슈파이터'는 정치·사회 분야에서, 그것도 선거판에서 활동한 이슈파이터의 그것이기 때문에 선을 지키는 것이 무엇보다 중요했다.

이슈파이터가 되려면?

필자는 국회의원 보좌진이다. 2004년 당시 한나라당 대변인이었던 전여옥 의원실에 인턴으로 들어갔다가 2005년 서병수 의원실을 거쳐 2007년부터 2012년까지 이윤성 의원실에서 근무했다.

이윤성 의원은 유명한 KBS 앵커 출신 국회의원으로 언론에 관심이 많았는데, 이 의원은 필자를 제대로 쓰기 위한 훈련을 시킨다는 명분으로 매일 언론보도 내용을 요약·보고토록 했다.

덕분에 매일 아침 언론사별 보도내용을 확인하고 비교하는 일이 반복되었는데, 어느 순간 언론의 흐름이 보이기 시작했다. 기사의 제목만 봐도 내용을 짐작할 수 있었고, 또 얼마 되지 않아서는 이다음에 어떤 기사가 나오겠다는 예측이 가능하게 된 것이다.

조금 더 시간이 지나니 주요 인물들이 어떤 모습을 보여 왔고 또어떤 성격을 가지고 있는지 머릿속 한편에 차곡차곡 쌓이고 있다는 것을 느꼈고, 이를 토대로 이 사람들이 앞으로 어떤 행동을 할지에 대해서도 조금은 예상할 수 있게 된 것 같았다.

벌써 수년 전의 경험이었지만 지금까지 필자에게 좋은 영향을 주어서 국회라는 공간 안에서도 다른 보좌진과는 다른 차별성을 부여했다.

그리고 이를 확인시켜준 것이 바로 블로그다.

인터넷이라는 불특정 다수들이 왕래하는 공간에서 블로그를 통해 나의 이런 저런 생각들을 공개하는 과정을 거치다 보니 내 생각에 조금 더 확신을 가질 수 있었고 또한 어떤 생각들은 잘못되거나 너무 비약한 것이라는 기준을 가질 수 있었던 것이다.

필자를 이슈파이터라고 했을 때, 지난날을 돌이켜 보면 바로 이런 과정을 거쳤다는 것인데, 누구나 이런 과정을 밟을 수도 없고 반드시 그럴 필요도 없기에 이슈파이터가 되는 길을 다시 요약해보면 이렇다.

이슈파이터로서의 기본 자질과 능력은 언론 보도내용을 확인하고 비교하는 것에서 시작하고, 실전은 세상에 공개해 평가받는 것이다.

현재 국회의원 보좌진 중에 정치 블로거는 필자가 유일하다. 필자와 같은 특수한 경우를 두고 이것이 보편적인 '이슈파이터가 되는 법'이라 할 수 없다. 또한 우리 주변에는 수많은 이슈파이터들이 있다.

때문에 이슈파이터가 되는 법을 나름대로 정리하자면, 앞서 쓴 바와 같이 정치에 관심을 가지고 자신의 견해를 밝힐 수 있는 이라면 누구든지 이슈파이터가 될 수 있고, 이미 이슈파이터라고 할 수 있다.

다만 이 책에서는 좀 더 구색을 갖춰서 인터넷이라는 공개된 공간에서 살아 있는(?) 이슈에 대해 논쟁을 벌이고, 새로운 논점을 만들어가는 사람이라는 의미의 '이슈파이터'를 다뤄보려 한다.

이슈파이터 VS 이슈메이커

이슈를 만들어내는 사람과 이슈를 두고 논쟁을 벌이는 사람 중 누구의 역할이 더 중요할까? 이렇게 서로의 개념만을 두고 비교하는 것 자체가 한계가 있을 뿐만 아니라 옳고 그름을 판단할 수 없는 문제이긴 하지만 나는 이슈파이터에 무게 중심을 두고 싶다.

이슈메이커는 사회 유명 인사나 권력자 등 그 대상이 다소 한정되어 있는 데 비해 지금과 같이 인터넷, SNS가 발달한 자유민주주의 사회에서는 누구나 이슈파이터가 될 수 있기 때문이다. 뿐만 아니라 이슈에 대한 강약과 선악 판단은 메이커가 아닌 파이터의 몫이다.

2013년 1월 7일의 언론보도 내용으로 이슈메이커와 이슈파이터의 차이를 찾아보자.

박근혜 대통령 당선인이 인수위를 출범시켰다.

〈조선〉 "3S 인수위", ▲Silent, 박 당선인부터 말조심 입조심 ▲Slim, 규
모 MB인수위의 절반 ▲Secret, 내부논의 누설 땐 법적 책임

〈조선〉 "인수위, 새 정책 안 만들 것" 핵심관계자, "공약 구체화 주력" (1
면) 사설

〈세계〉 "인수위 '작지만 알차게' …… 자문위원단 안 둔다. '입단속'
강조

〈중앙〉 완장과 명함 세력을 뿌리 뽑자

〈국민/한경〉 박 당선인 소통방식 우려스럽다

〈매경〉 교수 중심 인수위가 현실위기 대처할 수 있나

〈경향〉 윤창중 '야당 비판'은 박 당선인 뜻인가

　　별반 차이는 없겠지만 설명에 도움을 주기 위해 굳이 나눈다면
'이슈'는 박근혜 대통령 당선인이 인수위를 출범시켰다는 것이 될
것이고, '3S 인수위', '새 정책 안 만들고 공약 구체화 주력' 등은 이
슈를 구체화시켜 논쟁을 가능하게 하는 '이슈파이팅 소스'라고 할
수 있겠다.

　　또한 이런 바탕 위에 사설과 같이 평가하고 판단하는 것이 '이슈파
이팅'이 되겠고, 원초적인 이슈를 제공한 박근혜 대통령 당선인은 '이
슈메이커'가 될 것이니, 언론 혹은 SNS를 통해 논점을 제공하고 평가
하는 사람들이 '이슈파이터'가 되겠다.

　　장황하게 보이지만 '당신이 잘했다, 못했다'는 평가는 누구나 할 수

있기 때문에 누구든지 이슈파이터가 될 수 있는 것이다.

이렇듯 이슈파이터는 누구나 가능할 뿐만 아니라 새로운 이슈를 생산해낼 수 있는 잠재력을 가지기 있기 때문에 극소수에 불과한 이슈메이커보다 필자와 같은 범인이 참여할 수 있는 이슈파이터에 더 관심을 가지는 것이고, 또한 제대로 된 논리와 근거만 제시할 수 있다면 하루 수천 명, 수만 명이 찾는 사람이 될 수 있다는 점에서 이슈파이터는 정치에 관심이 있는 사람에게는 블루오션과 같다.

앞으로 대한민국의 정치는 물론 세계 정치사도 이슈파이터가 중심이 될 것이라고 조심스럽게 전망해본다.

이슈파이팅 스킬

?→!

이슈파이팅의 시작은 이제 막 세상을 알아가기 시작하는 어린이와 같이 너무도 당연해 보이는 현실에 '왜?'라는 질문을 던지는 것이다.

왜(?)라는 물음표가 그래서 그렇구나 하는 느낌표(!)가 될 때까지 계속해서 묻는 것이 좋다. 하지만 이 분야에 교과서가 있어 정확한 답을 내려주는 것도 아니기에 우리는 자료수집과 분석을 통해 왜라는 물음에 답을 찾아야 하는 것이 현실이다.

재미있는 것은 왜라는 물음을 가지수록 답이 나오기는커녕 오히려 물음표가 커지는 경우가 많다는 것이다.

더욱 재미있는 것은 내가 가진 물음표가 커질수록 내가 아닌 우리의 물음표가 될 가능성이 높아지고, 우리의 물음표가 되면 이미 느끔표가 되어 있는 경우를 종종 경험할 수 있다.

결국 이슈파이팅이란 ?에 ?를 더하고 또 더해서 머리가 아주 두툼해진 느낌표를 만들어내는 작업과 같다고 할 수 있다.

원인과 결과

세상사 모든 것에는 반드시 원인이 있으면 결과가 있다고 한다. 평소 우리는 당연한 진리처럼 생각되는 원인과 결과의 법칙을 잘 의식하지 못한다.

그것은 '왜?'라는 질문을 잘 던지지 않기 때문이다. 또한 원인과 결과를 이어주는 고리가 바로 '왜?'라는 것을 잘 모르기 때문이다.

지금부터 실험을 해보자.

박대길이라는 사람이 〈이슈파이터〉라는 책을 냈다. 이 책을 보고 있는 이상 이 말은 사실이고 결과다. 여기에 "왜 책을 냈지?(첫 번째 물음표)"라는 의문을 가져본다.

'왜?'라는 의문을 해결하기 위해 책 소개와 작가 소개를 보면 단서가 될 만한 내용들이 있다. '아, 국회의원 보좌진 출신이라서 이런 책을 냈구나. 하는 답을 쉽게 얻을 수 있다.

상상력

'내가 국회의원 보좌진이라도 이런 책을 냈을까?'

'도대체 이 사람은 무슨 생각으로 이런 말을 하는 걸까?'

상상력은 물음표의 한계를 무너뜨린다. 물음표가 느낌표로 바뀌기 위해서는 더 많은 물음표를 필요로 하는데, 바로 이 역할을 상상력이 해줄 수 있는 것이다.

신문의 어떤 기사든 그와 관련한 질문 10가지를 만들어보자. 쉬울 듯하면서도 어렵고, 어려울 듯하면서도 쉬울 수 있다. 그것은 순전히 당신의 상상력에 달려 있기 때문이다.

6하 원칙

'누가, 언제, 어디서, 무엇을, 왜, 어떻게'라는 여섯 가지 기본 조건이다. 6하 원칙은 느낌표를 세련되게 만들어준다.

· 누가 : 박대길은
· 언제 : 2014년 제6회 전국동시지방선거를 앞두고
· 어디서 : 북랩이라는 출판사에서
· 무엇을 : 〈이슈파이터〉라는 책을
· 왜 : 정치에 대한 대중의 이해를 높이기 위해서
· 어떻게 : 북랩의 출판 패키지를 이용해 출판했다.

6하 원칙의 이빨이 한두 개쯤 빠져도 큰 상관이 없겠지만 가능한 6가지 물음에 모두 대답할 수 있는 답을 만들어내는 작업을 계속한다면 시비에 걸릴 확률이 줄어든다.

반대로 상대가 무슨 말을 했을 때 6하 원칙에 의거 빠진 부분이 있다면 그것을 매개로 상대의 말을 반박할 수도 있을 뿐만 아니라 간혹 전세를 뒤엎을 수 있는 강력한 무기가 되기도 한다.

A후보는 ○○지역 사람들을 바보라고 했다

B후보, 내가 언제 그런 말을 했나?

A후보가 ○○식당에서 하는 말을 들었다.

나는 그런 말을 한 적 없다.

녹음 파일이 있다

확인해보자. 왜 앞, 뒷부분은 없는가? 나는 ○○지역 사람들이 바라볼
수록 보고 싶은 사람이라는 말을 했을 뿐이다. 어떻게 이런 유치한
장난으로 사람을 매도할 수 있는가?

시장(市場)

앞서 이슈파이팅 스킬을 설명하기 위해 필자를 예로 들었지만, 실
제 이슈파이팅에서 이슈가 되려면 필자가 최소한 국회의원 후보 정
도는 되어야 가능할 것이다.

이슈파이터라면 어느 한 사람의 개인사가 아닌 우리가 살아가는
사회의 이슈를 다뤄야만 설 자리가 있다. 다시 말해 누울 자리를 봐
가며 발을 뻗어야 한다는 것이다.

그렇기 때문에 자신이 다룰 이슈가 정치, 경제, 사회·문화, 국방·
외교 중 어디에 관련이 있는 것인지, 혹은 행정부, 입법부, 사법부, 언
론, 대중 어디를 상대하려는 것인지, 정확히 판단하고 나서야 한다.

◆◆◆

18대 대선 이슈파이팅
ISSUE FIGHTER

18대 대선 이슈파이팅

필자는 개인 블로그인 '박대길의 세상보기(http://bigplanner.blog.me)'를 통해 현재의 이슈별 보수 진영의 대응 논리를 개발·제공했다.

블로그 접속통계상 11월부터 약 30건의 포스팅을 등록해 다음뷰(DAUM VIEW)를 통한 방문자 약 2만 7천 명과 네이버(NAVER)를 통한 방문자 약 4만 명 등 약 7만 명이 필자의 글을 읽은 것이다.

특히 진보 성향이 지배적인 메타블로그 '다음뷰'에서도 11월부터 7건의 포스팅이 '베스트'로 선정되었고, 다음뷰를 통한 순수 방문자 수가 약 2만 5천 명에 달했는데 이는 동기간 보수 성향 블로그 중에서 가장 높은 방문객 수를 기록한 것이다.

뭐 그렇게 대단한 기록은 아니겠지만 이후 글에서는 필자의 포스팅 중 여론 혹은 정치구도에 영향을 미쳤다고 생각되는 글들 중 일부를 소개하며 해당 포스팅을 등록할 당시 상황을 포스팅 전과 후로 나눠 분석·평가해 이슈파이팅 실전 방법과 효과를 다뤄보고자 한다.

참고로 전쟁이 공격과 방어로 진행되고, 그 전에 전쟁을 벌일 수 있는 몸집을 키워야 한다는 측면에서 이슈파이팅의 유형을 3가지(공격, 방어, 홍보)로 나눠보면 아래와 같다. 이것은 상황에 따른 전략을 세우는 데 도움이 될까 하여 덧붙이는 글이다.

〈블로그 '박대길의 세상보기' 이슈파이팅 현황〉

등록일	글 제목	다음 조회 수	네이버 조회 수	합 계
12.18	박근혜 후보를 선택할 수밖에 없는 이유들	651	1,470	2,121
12.16	이정희 사퇴! 풀리지 않는 선거예측이 더 씁쓸하다	326	689	1,015
12.15	네거티브 차단하는 2천만 붉은악마가 눈을 뜬다	649	697	1,346
12.12	민주당의 국정원 여론조작 의혹제기는 자충수다	767	2,425	3,192
12.11	이정희 딜레마에 빠진 문재인, 차라리 버려라	528	646	1,174
12.10	제2차 대선TV토론, 경제민주화 공약 확인하고 보자	291	432	723
12.07	포털은 정치적 중립을, 네티즌에게 아량을	185	162	347
12.06	안철수의 문재인 지원 결정은 둘 다 죽자는 것	953	893	1,846
12.05	문재인, 이정희 TV토론 내용의 문제점	2,562	1,176	3,738
09.25	통합진보당 이정희 무엇을 위해 대선출마하나	262	5,492	5,754
12.04	대선TV토론 관전평, 너무 실망스럽다		541	541
12.04	대선TV토론, 문재인 후보에게 묻습니다	373	1,433	1,806
12.03	안철수 전 후보 캠프해단식의 영향력은 ±1%?	333	651	984
11.30	새누리당 돈 선거 의혹제기는 검증 or 네거티브일까	264	519	783
11.29	약속의 가치로 돌아본 정치블로거의 소회	104	91	195
11.28	내가 박근혜 후보 연설자라면, 이렇게 연설하겠다 2	174	380	554
11.28	내가 박근혜 후보 연설자라면, 이렇게 연설하겠다 1	424	252	676
11.27	저는 박근혜 후보를 지지합니다	6,155	5,948	12,103

11.26	박근혜, 문재인의 의원직 사퇴 여부의 의미	352	593	945
11.24	안철수 후보 사퇴, 그 다음 행보는?	368	5,567	5,935
11.22	사람보다 표가 먼저라는 문재인의 대선생활백서	297	1,149	1,446
11.17	투표용지 인쇄 연기, 거짓현수막은 선거개입?	424	705	1,129
11.15	낚시대회로 본 투표시간 연장의 의미	262	142	404
11.14	문재인-안철수 단일화 협상 중단의 문제점	3,361	2,836	6,197
11.14	큰 정부, 포퓰리즘의 유혹에 빠진 대선후보들	1,000	373	1,373
11.11	아픔을 함께하고 희망을 만드는 대선후보를 원한다	142	135	277
11.09	문-안 단일화의 의미와 효과 그리고 결과는?	162	641	803
11.08	수능과 대선의 공통점 찾아보기	87	64	151
11.06	투표시간 연장 논란 총정리	2,305	1,627	3,932
10.29	표 계산에 따른 투표시간 연장 요구, 바람직한가?	1,370	531	1,901
10.25	안철수의 국회의원 의석 수 축소의 의미는?	1,791	1,605	3,396
10.25	NLL 포기발언 논란의 시작과 끝은?	277	282	559
10.23	이명박, 노무현, 김대중…… 돌려막기의 원조는?	148	321	469
총 계		27,347	40,468	69,815

*2012년 12월 20일 기준

홍보	12.15 네거티브 차단하는 2천만 붉은악마가 눈을 뜬다 11.27 저는 박근혜 후보를 지지합니다
공격	12.18 박근혜 후보를 선택할 수밖에 없는 이유들 11.28 내가 박근혜 후보 연설자라면, 이렇게 연설하겠다 1, 2 11.22 사람보다 표가 먼저라는 문재인의 대선생활백서
방어	12.16 이정희 사퇴! 풀리지 않는 선거예측이 더 씁쓸하다 12.12 민주당의 국정원 여론조작 의혹 제기는 자충수다 12.10 제2차 TV대선토론, 경제민주화 공약 확인하고 보자 12.05 문재인, 이정희 TV토론 내용의 문제점 12.03 안철수 전 후보 캠프 해단식의 영향력은 ±1%? 11.30 새누리당 돈 선거 의혹제기는 검증일까 네거티브일까

필자의 글은 제목이나 내용과 달리 방어적 차원에서 시작된 것이 많다. 상대의 공격에 대한 대응을 위해 쓴 글이 많기 때문이다.

상대의 공격을 방어할 수 있는 가장 효과적인 방법은 상대가 제시한 논리로 역공을 펼치는 것인데, 선거가 끝난 이후 종합해보니 이런 류의 글이 더 큰 호응을 얻었다는 것을 확인할 수 있었다.

역시 '공격이 최선의 방어'라는 말을 실감할 수 있었는데 노파심에서 덧붙인다면 위와 같은 '역공'은 필자의 성향과 어느 정도 부합하는 면이 있지만 '선공'은 좋아하지 않는다. 나는 평화주의자다.

민주당의 '국정원 정치공작' 의혹 제기는 자충수

◈ 12.12 문재인 캠프의 '국정원 정치공작 의혹' 제기는 자충수

http://bigplanner.blog.me/150153789272

출근길, 라디오를 통해 국정원 직원이 문재인 후보를 비방했다는 이유로 민주통합당과 국정원 직원이 몇 시간이나 대치했다는 소식을 듣는다.

도대체 뭔가……. 사실이라면 이 무슨 구태정치이며, 국정원은 도대체 생각이 있는 기관인지……. 기껏 이런 일이나 하라고 세금으로 월급주고 있는 줄 아나 하는 생각이 든다.

자리에 앉아 다시 차근차근 관련 언론보도 내용과 여러 글들을 보고 생각을 정리해보니 이건 정말 아니다.

국정원의 정치공작이라기보다는 문재인 캠프 국정원 사찰 혹은 네거티브 결정체로 보이기에 민주통합당은 물론 문재인 후보 측이 너

무도 완벽한 자충수를 두지 않았나 하는 생각이다.

왜 이런 생각을 하게 됐는지 그 과정을 함께하면서 다른 분들의 생각도 알고 싶은 마음이다.

1. 민주통합당, 문재인 캠프 '국정원 정치공작 의혹' 제기

민주통합당 홈페이지를 방문해보니 어제 등록된 관련 브리핑이 문재인 캠프 대변인실 명의로 3건이나 된다. 문재인 캠프가 말하는 '국정원 정치공작 의혹'이란 것을 나름 요약해보면 아래와 같다.

◆ 12.11 19:10 국정원 정치공작 개입 의혹 제보 관련 브리핑
http://minjoo.kr/archives/46854
저녁 7시 제보를 받았다. 국정원 심리정보국 소속 김 아무개 씨가 상급자의 지시를 받아 3개월 동안 근무하고 있다는 오피스텔로 출동했다. 민주당은 확인을 시도했으나 문을 열어주지 않았고, 선관위와 경찰에 즉각 신고했다. 현장 증거를 확보하기 계속 노력하겠다.

◆ 12.11 21:20 국정원 정치공작 개입 의혹 대치 상황 관련 브리핑
http://minjoo.kr/archives/46862
7시경 현장에 출동, 7시 5분 경찰 1명, 선관위 1명, 당 변호사 1명 이상 3명이 문을 두드려서 상대방이 문을 열고나왔고, 상대의 신분을 확인했다. 국정원 직원이냐고 물었으나 아니라고 해서 세 사람이 1분 만에 철수했다. 하지만 상대의 진술을 믿을 수 없어 다시 문을 열어줄 것을 요구했으나 문을 열어주지 않아 지금까지 대치하고 있다.

2. 문재인 캠프 '국정원 여직원 기획 사찰'이 의심된다

불이 났을 때 화재 신고 후 소방차가 언제 현장에 도착하는지를 생각해보라. 3차에 걸친 브리핑의 시간과 내용을 봤을 때 오히려 민주통합당 문재인 캠프 국정원의 직원을 기획적으로 사찰한 것이 아닌가 하는 생각이다.

첫째, 민주통합당 공식 홈페이지의 공식 브리핑으로 3차례나 올린 것은 그만큼 동 사안에 자신이 있었다는 것이고, 이는 사전에 준비했다는 것을 의미한다.

둘째, 오후 7시에 제보를 받았다면서 어떻게 5분 만에 경찰과 선관위, 변호사까지 완벽한 조합을 갖춰 현장에 도착할 수 있을까?

문재인 캠프는 여의도에 있는데 현장은 강남구 역삼동이라고 한다. 이 때문에 사전에 이번 일을 충분히 준비했다고 볼 수 있겠다.

셋째, 오후 7시의 제보 내용이 상당히 구체적이다. 국정원 심리정보국의 김 아무개라는 관등성명은 물론이거니와 현장 주소까지 알려줄 수 있는 제보자는 과연 어떤 신분일까? 그래서 기획 사찰이 의심된다는 것이다.

넷째, 브리핑 내용에서 주소를 정확히 명시하였다. 이들에게 개인정보가 어떤 의미가 있는지 묻고 싶은 마음은 자제한다. 그럼에도 반드시 짚어야 할 것은 이것이 전형적인 언론플레이 방법이라는 것이다.

무슨 공개 행사가 아니고서야 오피스텔 위치와 방 호수까지 밝힌다는 것은 심각한 개인정보, 사생활 침해가 아닐 수 없다.

이런 부분을 전혀 생각하지 못했다고 변명한다면 국정 운영의 자격이 없다는 것이고, 알고도 그랬다면 민주통합당 문재인 캠프 국정원 직원을 기획 사찰했다고 자인하는 것 아닐까?

3. 문재인 캠프 눈에 보이는 정치공작에 국민들은 등 돌릴 것

민주통합당 문재인 캠프 제기한 의혹들이 모두 사실이라고 치면 어떻게 될까?

'국정원 직원이 저녁에 문재인 후보를 비방하는 댓글을 달았다.'

뭐, 이 정도 아닐까? 이것이 뭐 그리 대단한 거라고 대선 판도를 뒤흔들 변수니 하는 일부 언론의 작태도 문제지만 최대한 감정을 자제해본다.

나는 공무원이다. 정치적 중립을 지켜야 할 의무가 있다. 지금은 평일이고 일과를 마치고 집에 왔다. 평소 문재인 후보에 대해 안 좋은 생각을 가지고 있어 관련 기사 글에 비판하는 댓글을 달았다.

위 내용이 과연 문제가 있는가? 선거법 위반인가? 정치 글을 많이 올리는 필자는? 혹은 다음뷰, 아고라, 일베 등 갖가지 정치 관련 웹 공간에서 활동하는 이들은 뭐란 말인가?

필자의 글은 물론이고 다른 사람의 글에 댓글란이 있어 찬성이든 반대든 자신의 생각을 밝히는 사람들은 또 뭐란 말인가? 더구나 문재인 캠프 문제를 제기한 당사자도 자신의 입장을 밝혔는데, 문 후보 비방 댓글을 단 적이 없다고 한다.

◆ 12.12 05:19 연합뉴스, 국정원 女직원 "문 후보 비방 댓글 단적 없다"
http://bit.ly/12XTXPn

뿐만 아니라 민주통합당 문재인 캠프 측은 국정원 직원이라지만 20대 여성이 혼자 사는 집에 쳐들어가면서 '문재인TV'라는 자체 팟캐스트를 이용해 실시간으로 중계까지 했다고 하니 이것이 정치공작이 아니면 또 무엇이겠는가? 뿐만 아니라 왜 이런 일이 벌어졌는지에 대한 기자들의 질문에 대한 문재인 후보 측의 대답도 궁색하기 짝이 없다.

◆ 12.12 유튜브 동영상, 민주통합당 국정원 직원 오피스텔 앞 기자회견
http://youtu.be/4D-iSLgoRQY

민주통합당 문재인 캠프 이번 수는 내일(13일)부터 여론조사 공표가 금지된다는 강박관념에 사로잡혀 앞뒤 제대로 재보지도 않고 벌여놓은 '무리수'이자 너무도 완벽한 '자충수'다.

국가기관, 그것도 국정원이라는 정보기관이 조직적으로 선거에 개입하고 있다는 것은 선거의 판도를 뒤엎을 수 있는 매우 중대한 이슈다.

전날 밤 민주당은 자체 방송을 통해 이와 같은 과정을 생중계하는 등 대대적인 움직임을 보였고 포스팅 당일의 아침의 분위기는 폭풍전야의 긴장감과 함께 어떻게 대응할지 모르는 보수의 어수선함이 공존했다.

이런 상황에서 필자는 아래와 같이 상대의 공세 논리에 대한 역공세 논리를 제공해 상황을 역전시키려 했다.

- 민주당의 젊은 여성공무원 기획 사찰 의심
- 민주당의 언론플레이 가능성
- 민주당 문제제기 과정의 문제점 지적
- 국정원이라는 기관과 당사자(여직원) 분리
- 정당에 의한 개인의 표현의 자유와 인권 침해 문제점 지적
- 민주당 주장의 허위 가능성, 네거티브

이후 관련 언론보도의 제목이 '국정원 정치공작 의혹'에서 '국정원 여직원 선거개입 의혹' 정도로 약화되는 한편, 국정원 여직원의 인권에 대해 조명하는 등 상기 키포인트별로 논쟁이 될 수 있었고, 그 결과 대선이 끝난 현재까지 이 문제를 국정원의 조직적 대선개입으로

보는 사람은 매우 드물게 되었다.

　뿐만 아니라 이 사건이 꾸준한 이슈가 되었다는 점에서 당시 적절한 대응이 없었다면 대선 판도에 어떤 영향을 미쳤을지 충분히 짐작할 수 있다.

박근혜 후보를 선택할 수밖에 없는 이유

◈ 12.18 (문재인 후보 측 제공) 박근혜 후보를 선택할 수밖에 없는 이유

http://bigplanner.blog.me/150154253686 (비공개글)

민주당 국정원 여직원 사찰, 기자 폭행

"수사 지켜보라"더니 결과 나오자 딴말하는 문 후보

http://bit.ly/UF8urf

"대선 흔들려도 의도 물거품…… 책임자 문재인, 국민 앞에 사과하라"

http://bit.ly/R2z28A

문재인의 주장에 김제동이 명쾌한 반박 http://bit.ly/UFFoIb

국정원 여직원 112 신고 육성 영상 http://bit.ly/R2lJAl

"민주, 경찰은 못 믿고 나꼼수 말만 믿나" http://bit.ly/UF8tDq

"문재인, 여성인권유린에 말 없어" http://bit.ly/R2z1BJ

야, '국정원 댓글' 증거 없으면 깨끗이 사과하라 http://bit.ly/UF8w2h

민주당, 경찰조사 반박 앞서 근거 내놓길 http://bit.ly/UF8wzi

민주당, '국정원 선거개입' 공세 멈출 때 http://bit.ly/UF8DLh

국정원 "여직원 감금 법적책임 물을 것" http://bit.ly/Y9RsHT

국정원 "선거개입설 사실무근 확인…… 책임 묻겠다"
http://bit.ly/TVnot7

경찰, '국정원 선거개입' 고발 민주당 관계자 조사
http://bit.ly/UtsPQ7

문재인 사람이 먼저라면서 국정원 여직원 감금 http://bit.ly/UtsQU9

문 측 "국정원 여직원의 댓글 갖고 있는 건 사실 없지만"
http://bit.ly/UtsSeM

민주, 집 호수 알아내려 여직원차 일부러 들이받아
http://bit.ly/QXCgKp

국정원 여직원 감금, '민주당 스타일' 과시인가 http://bit.ly/QXCh15

민주당 멘붕의 막장: 감금과 관음증 http://bit.ly/ZjbL5O

안 되는 줄 알면서 왜 그랬을까? http://youtu.be/N96LUVoRIVQ

'아니면 말고 식' 흑색선전, 선관위가 대응하라 http://bit.ly/UCxHmU

국정원 개입 의혹, 민주당이 증거 제시해야 http://bit.ly/ZhNPjk

대선 D-6, 비방, 흑색선전 신속히 차단해야 http://bit.ly/ZhNQDN

문재인 캠프 국정원 정치공작 의혹 제기는 완벽한 자충수
http://bit.ly/VSS0Bf

민주통합당 기자폭행은 국민에 대한 중대한 도발
http://bit.ly/Xa43p7

민주당 관계자, 기자에 "어린 놈 XX" 욕하며……

http://bit.ly/ZhNSvA

민주당 관계자들, 취재진 폭행 http://bit.ly/Roo7aS

민주당 폭도들, 국정원 여직원 불법 감금사건! http://bit.ly/UT8W8s

경찰, '국정원 직원 대선 개입의혹, 범죄사실 충분치 않아'

http://bit.ly/ZhNYmK

선관위, 문 측 국정원 댓글 부실조사 주장 반박 http://bit.ly/UCxVKS

국정원 여직원 "문 후보 비방 댓글 단적 없다" http://bit.ly/U4UWFF

민주당 국정원 직원 사찰, 날카로운 기자 질문에 엉뚱한 대답

http://bit.ly/ZhO5yG

민주통합당 문재인 캠프[습격 사찰] 역풍 분다 http://bit.ly/U4UW8O

민주통합당의 국정원 직원에 대한 사건전개 http://bit.ly/VSrHLB

직업이 국정원이면 20대 여자 집에 맘대로 쳐들어가도 되나?

http://bit.ly/VSrLeo

네거티브, 흑색선전 전면전

'박근혜 굿' 했다던 스님, 자필 편지 내용 보니 http://bit.ly/R2z5RV

문재인 공식블로그에 공개한 굿판 포스팅 http://bit.ly/VT8mtH

네거티브 잠재우는 박근혜의 2천만 붉은악마가 눈을 뜬다

http://bit.ly/UtsCMR

박 "신천지 연루설, 야당이 거짓말 하고 있다" http://bit.ly/Xj9vGc

신천지 신문에 문재인 광고까지 해놓고⋯⋯ 뻔뻔 http://bit.ly/QXCelT

대선 코앞의 흑색선전 세력, 유권자가 심판해야 http://bit.ly/Zs9AwW

민주선거 망치는 흑색선전, 표로 심판해야 http://bit.ly/UtsFYZ

총리, 선관위 흑색선전 엄단 의지 밝혀라 http://bit.ly/UtsHA1

야권인사들 "일단 지르고 보자" '작퉈' 성행 http://bit.ly/QXCj97

SNS 바람타고 더 도지는 흑색선전 광기 http://bit.ly/UtsI76

"흑색선전과의 전면전 선포…… 문재인 책임져야" http://bit.ly/QXCiCf

"문재인, 흑색선전할 시간에 새 정책 내놔라" http://bit.ly/UCy555

'박근혜 세금' 따진 이정희, 본인은 62만 원 체납

http://bit.ly/VO6h20

이정희 최저임금 주장, 거짓으로 밝혀져 논란 http://bit.ly/VSrSXo

박근혜 아이패드 공방에 정청래 글 삭제…… "혼란 드려 사과"

http://bit.ly/U4V5ZM

돈 선거 사실무근, 민주 법적·정치적 책임져야 http://bit.ly/X9OimZ

새누리당 돈 선거 의혹제기는 검증인가 네거티브인가

http://bit.ly/SAmF1p

노무현 NLL 포기발언

"노 NLL포기 발언은 사실" 막판 총공세 http://bit.ly/UF8JCq

국정원, 2007남북정상회담 자료 제출 http://bit.ly/UF8KGL

'노무현-김정일' 대화록의 핵심 내용 확인 공개 http://bit.ly/Tb9jKh

NLL 대화록, 너무 창피하고 화가 나 http://bit.ly/Y2fjdk

진중권 VS 변희재 '사망유희' 토론, 승자는? http://bit.ly/TCNxxO

'사망유희' 토론 첫 승자는 변희재…… 진중권, 패배 인정

http://bit.ly/UkGqIA

진중권VS변희재 토론배틀, 진중권 패배 인정 "팩트에서 밀렸다"

http://bit.ly/QClRfl

사망유희 변희재 NLL논리는 팩트의 승리 http://bit.ly/UkGrfF

사망유희 변희재 승리가 정말 반가운 이유는 http://bit.ly/UkGt7a

NLL논란, 목숨 바친 용사에 대한 모독 http://bit.ly/X4zshc

'NLL 비밀' 이제 여야 합의로 국민 앞에 공개하라 http://bit.ly/SbFjLg

노무현 NLL 발언 모음 http://bit.ly/SrSudG

NLL수호는 헌법의 명령 http://bit.ly/SSHNzc

실체 확인된 盧-金 대화록…… 'NLL발언' 검증은 당위다
http://bit.ly/SSHTXD

NLL을 아십니까? http://bit.ly/SrSFFO

아들 특혜 취업

아들 취업 비리 인터뷰 http://bit.ly/UFGcwC

'부정취업' 문재인 아들, 자기소개서 보니…… 헉! http://bit.ly/UtsIUD

취업생의 절규! 문재인 아들의 특혜 일파만파! http://bit.ly/UtsMnl

응답하라 문재인! 문준용 취업특혜 논란! http://bit.ly/UtsP2z

문의 생각? "사람이 먼저? 아니 내 아들 취업 먼저"
http://bit.ly/VhBJQd

일파만파 문재인 아들 취업 의혹…… 촛불 번지다
http://bit.ly/VhBMLS

문재인 아들 특혜채용 논란 http://bit.ly/SbFrKZ

종북세력

임수경 이정희 그리고 문재인 종북에 대한 진실은

http://bit.ly/Y9RxeB

문재인과 민주당의 종북논란 발언 정리 http://bit.ly/Vza6nY

통진당 폭력사태 개입한 대련, 문재인 CF출연 http://bit.ly/UBgfkT

박근혜 "NLL대화록, 노 명예 위해서라도 공개해야"

http://bit.ly/Shizv9

연평도 2년 전 그날을 잊었는가 http://bit.ly/ShiMP1

연평도 2년······ 안보도 중요한 대선 이슈다 http://bit.ly/10mpzLJ

문·안 캠프까지 스며든 진보당 경선부정 세력 http://bit.ly/UCdtYR

종북논란 의원에게 국가 기밀 맡길 셈인가 http://bit.ly/UCdts6

진보당 의원, 어디 쓰려고 간첩 잡는 경찰 명단 달라 했나

http://bit.ly/RxVOm5

'무분별한 종북주의'에 칼 빼든 사법부 http://bit.ly/SbFnec

국보법 '찬양고무죄' 사문화에 경종 울린 대법 판결

http://bit.ly/Rt8Hfi

문·안 캠프까지 스며든 진보당 경선부정 세력 http://bit.ly/UCdtYR

이정희 사퇴

불법, 얌체 후보 선거 비용가지 국민이 대줘야 하나

http://bit.ly/R2z9RE

이정희 딜레마에 빠진 문재인, 차라리 버려라 http://bit.ly/U4V2x0

이정희, 광주서 투표 독려······ 국고 27억 '먹튀' 논란 http://bit.ly/

R2z7sV

세금 27억 '먹튀' 이정희, 종북 본색인가 http://bit.ly/TVnl0s

문재인, 통합진보당도 공동정권에 넣을 건가 http://bit.ly/Y9RlvM

이정희 후보 사퇴…… 박근혜 문재인 득실은 http://bit.ly/Y9Rnnt

이정희 27억 먹튀하고 있습니다 http://bit.ly/Y9Rob5

이정희, '단일화 하자'며 박-문 TV토론엔 왜 끼나 http://bit.ly/Uv5oZU

진보 양당, 문 먹튀방지법 수용에 반발 http://bit.ly/X4zG7X

문·안 단일화

"안, 문에 분노와 회의 느꼈다" ……TV토론 후 신뢰 사라져 http://bit.ly/UZQfw6

'디테일의 악마'에 결국 안 낙마 http://bit.ly/WP9iiz

이정희 심상정 '단일화 꼼수' 부리지 마라 http://bit.ly/Tc4AoT

안지지모임 탈퇴 회원, 박근혜 지지선언 http://bit.ly/UzviK7

안철수, 문재인을 안아주지 못한 이유 http://bit.ly/Uzvnxv

박 "정치의 본질은 민생…… 야 단일화는 쇄신 아닌 후퇴" http://bit.ly/10mp8kP

여론조사 단일화, 제비뽑기보다 나을 게 없다 http://bit.ly/10mp9oT

문재인·안철수, 최악의 단일화 http://bit.ly/10mpckq

단일화 토론과 협상, 이 무슨 정치 쇼들인지 http://bit.ly/10ysnob

단일화 협상, 당초 이러자고 시작했나 http://bit.ly/QZWNiF

안철수의 만능열쇠 '국민의 뜻' http://bit.ly/10wr3Cf

문·안 단일화 협상에서 '새 정치'는 어디 갔나 http://bit.ly/QZWOmA

후보끼리 단일화 결판낼 테니 국민은 그냥 따르라는 건가

http://bit.ly/Tevd05

'감동 있는 단일화' 외칠 맨 언제고…… 문·안 결국

http://bit.ly/10ppQg5

박 "안개정국 만들어 놓는 야단일화가 정치쇄신인가"

http://bit.ly/10ppPso

대선 한 달 남기고 열었다 닫았다 하는 단일화 협상

http://bit.ly/SGgqrf

대진표조차 확정 안 된 대선…… 후보 정책 검증은 언제하나

http://bit.ly/XTND94

문-안 '홍정' 국민피로감 알고 있나 http://bit.ly/QjACUm

국민 안중에 없는 문·안 '단일화 쇼' 볼썽사납다 http://bit.ly/QjAG6x

문-안 단일화 협상 중단의 문제점 http://bit.ly/U0uL5s

토라진 안, 달래는 문, 안 보이는 새 정치 http://bit.ly/SujC9a

뻔하면서 느닷없는 문-안 단일화 협상 중단 http://bit.ly/SujExS

문-안 단일화 '불신의 늪'에 빠지다 http://bit.ly/U0uOyc

[단일화 협상 잠정 중단] 2002년 노무현, 정몽준 단일화와 닮은 꼴

http://bit.ly/U0uPlL

안철수의 정치적 자살! '도로민주당' 시작이다! http://bit.ly/UCdoEN

'단일화 바람'에 쏠린 선거를 우려한다 http://bit.ly/VAq5Fr

단일화가 모든 쟁점 빨아들이는 대선으로 가나 http://bit.ly/Qj6A2J

정책선거, 위기대응 실종시킨 단일화 논쟁 http://bit.ly/PkLM9N

문-안, 단일화를 대선흥행 수단으로 질질 끌지 말라

http://bit.ly/PkLPCk

부동산

KBS 대선후보 부동산 검증 http://bit.ly/Uc0Y6X

항공사진 속 집, 문재인 집 아니란 주장 검증! http://bit.ly/SJTqJU

호화저택 항공사진 문재인, 불법에 "그냥 둬!" http://bit.ly/SJTsld

부산저축은행

문, 부산저축은행 소송대리 14건 드러나 http://bit.ly/QIq1S0

문재인 저축은행 먹튀 사건정리 http://bit.ly/X9O2nX

문재인 후보와 부산저축은행 의혹 http://bit.ly/X9O3In

부산저축은행 원흉 문재인 http://bit.ly/X9O3Z0

문재인 로펌서 부산저축은행의 70억 챙긴 이유가……

http://bit.ly/X9O4wa

박근혜 허위사실 유포 혐의…… 박태규 운전기사 기소

http://bit.ly/X9O5jr

문재인의 전화 한 통과 부산저축은행 9조 비리 http://bit.ly/SAmNhp

문재인 전화 한 통에 날아간 부산서민의 꿈 http://bit.ly/S9IyVu

[문재인의 워터게이트 1] 6조 사기, 문의 청탁! http://bit.ly/PYbOB9

다운계약서

문재인 다운계약서 논란……민주당의 자업자득

http://bit.ly/SAmROo

문재인 부산 상가건물도 다운계약서 의혹 http://bit.ly/X9OaUp

민주당의 다운계약서 잣대 문 후보에도 적용해야

http://bit.ly/Uv5mRO

문재인 후보의 다운계약서 논란 http://bit.ly/Uv5n8f

문재인 다운계약서에 "민주당 청문회 땐 거품 물더니……"

http://bit.ly/Uv5nVD

문재인 청 수석 때 부인 맨션 매입 다운계약 의혹

http://bit.ly/Uv5qB3

문재인 부인 2004년 다운계약서 작성 의혹 http://bit.ly/X1TjOa

대선생활백서, 홍보물

사람보다 표가 먼저라는 대선생활백서 http://bit.ly/WATrnI

문 '사람이 먼저'라고? 대선생활백서 보고도? http://bit.ly/Td00aC

문 캠프, 네티즌 비난에 홍보물 삭제 '어떤 내용이길래?'

http://bit.ly/Ship6O

'사람이 먼저'라는 문 캠프의 비인간적 홍보물 http://bit.ly/WATvDO

민주통합당의 공식홍보물, 대선생활백서를 소개합니다

http://bit.ly/10wqIzy

"헤어져!" 애인이 다른 후보 지지한다고……문재인 홍보물 논란

http://bit.ly/10wqA3d

문재인 캠프, 국민협박과 이간질 조장 홍보물 논란

http://bit.ly/10wqCrK

○○○ 찍으면 왕따…… 문 측 온라인 홍보물 논란

http://bit.ly/10wqDM8

다른 후보 지지하면 왕따? 문 측 인터넷 홍보물 논란

http://bit.ly/QZWDI7

정치생활백서의 가장 큰 문제점은 헌법 부정? http://bit.ly/10wqKYc

문재인 캠프, 대선생활백서 득표 전략 '충격' http://bit.ly/TfHYqx

조해진, 민주 '대선 생활백서' 촌평…… "사람이 아닌 표가 먼저?"

http://bit.ly/10wqPuT

황상민 생식기 발언

연대생들 "박근혜는 생식기만 여성" 황상민 교수 사퇴요구

http://bit.ly/PYc0jO

황상민 생식기 발언에 한겨레 등 좌파언론들 침묵

http://bit.ly/RGfNgN

새누리 "황상민 '생식기' 발언, 문·안이 사과해야" http://bit.ly/
RGfO4q

김성주 "'박근혜 생식기 말고 여성 역할 한 것 없어' 발언한 교수, 정신
병자" http://bit.ly/Whni5j

새누리 발칵 "박근혜, 생식기만 여성이지……" http://bit.ly/Whnkdp

황상민 박근혜, 김연아, 그래서 그분이 돌아가셨군요

http://bit.ly/WhnmlM

김광진 막말

민주당, 변태 트윗 김광진에 최우수의원 상 수여

http://bit.ly/QyHGNe

김광진 의원 막말, 패륜아, 이번엔 변태의원 충격

http://bit.ly/RGgdnd

교복-수갑-채찍…… 문이 뽑은 김광진은 변태? http://bit.ly/SqM4g2

김광진 국회의원 사퇴 촉구 기자회견문 http://bit.ly/Sb8Y7t

민통당 김광진의 새해 소원은 '명박 급사' http://bit.ly/TiELlY

민주당, '김광진 막말'에 대한 입장 분명히 밝히라 http://bit.ly/SrUItF

'명박급사'의 김광진, 부모의 재력 과시하는 글 남겨

http://bit.ly/VxwcWv

김광진 의원 명박급사 막말, 김용민 막말과 뭐가 다른가

http://bit.ly/TiEMq1

노무현정권

측근 비리에 무너졌던 문재인, 권력비리 논할 자격 없다

http://bit.ly/Vzad2Q

노 정부 서민정책 뭐가 있나…… 문은 아직도 남 탓만

http://bit.ly/Y2eYqX

참여정부 때 양극화, 집값 폭등…… 문, 잘못 사과 안 해 실망

http://bit.ly/TjV1EG

노무현과 측근의 비리 총정리 http://bit.ly/TiEShd

노무현 참여정부의 부동산 실정, 미화하면 안 되는 이유

http://bit.ly/OVfFxi

우리 경제 악순환의 고리 '돌려막기'의 원조는? http://bit.ly/Rt8MzU

투표시간 연장

박근혜 "야, 투표시간 거짓말로 선동" http://bit.ly/Shitni

9개월 전 '투표율 높이는 법' 통과 땐 침묵 http://bit.ly/SGgyqy

민주당, '투표시간 거짓말' 현수막 당장 철거하라 http://bit.ly/SufBS4

거짓말 플래카드 못 내리겠다는 민주당 http://bit.ly/RYFf3d

투표시간 연장 찬성의 모순 http://bit.ly/UCdtbk

팩트가 이기게 하라 http://bit.ly/SuKFlc

투표시간 연장 캠페인이 '정치 쇼'인 5가지 이유 http://bit.ly/SuKIxm

투표시간 연장 논란 총정리 http://bit.ly/VAqc3S

투표시간 연장 논란의 1 두 가지 진실 http://bit.ly/POUChx

해핑이 말하는 투표시간 연장 논란 http://bit.ly/POUCyb

투표시간 2시간 연장하면 투표율 올라갈까? http://bit.ly/RxVPXk

투표시간 연장 논쟁 국회서 해결하라 http://bit.ly/X4zm9d

표 득실 결과에 따른 투표시간 연장 요구, 바람직한가?
http://bit.ly/Stl6mS

투표시간 연장? 과연 효용성이 있을까? http://bit.ly/TiEKys

현시점의 투표시간 연장 논의가 부적절한 이유 http://bit.ly/SrSf2g

이외 판단에 영향에 미쳤던 자료들

문재인, 악질 강간살인범 변호사 이력에 '충격' http://bit.ly/R2LK7m

문재인이 인권변호사였다고? http://bit.ly/UFFBez

신생아실의 문재인, 병원 주인 알고 보니…… http://bit.ly/10LEqzN

문 겨냥 "아기들까지 선거 이용" 비난 http://bit.ly/TmWZEO

민주당 '당원대회 술판사건'으로 사망사고 발생해도 책임 회피

http://bit.ly/ShiGqz

문재인 정치할 생각 없다 http://bit.ly/PwHJZ6

문재인 의원직 유지 논란 http://bit.ly/S6P0N4

민주당 김영환 의원 "민주당 메스껍다" http://bit.ly/TjV6sc

박근혜, 문재인의 국회의원직 사퇴 여부의 의미 http://bit.ly/TmX2At

민주당, 자기들이 '외국 병원' 허용해놓고 왜 딴말하나

http://bit.ly/WhniCp

곽노현 전교육감은 선거비용 반환하라 http://bit.ly/10wrjkP

선거비용 국고보조금 '먹튀 방지법' 절실하다 http://bit.ly/Tevnoj

포퓰리즘에 정치노조까지 판치는 대선 http://bit.ly/SufJ3Y

이슈파이팅 상황과 평가

이 글을 등록한 12월 18일은, 19일 선거를 앞둔 마지막 날이다.

공식 선거운동이 가능한 마지막 날은 유권자가 자신이 누구를 선택할지 사실상 최종 결정하는 날이기도 하지만 전에 벌어졌던 많은 일들이 잊히며 막연한 느낌이나 형상으로 남아 있게 되는 시기이기도 하다.

이 같은 상황에서는 뭔가 새로운 문제를 부각시키기보다는 이미 있었던 일들을 정리해 유권자들에게 알리는 것이 더 효과적일 것이다.

대선후보별로 자신들의 홍보는 이미 충분히 하고 있으므로 필자는 그간 '대선 이슈 따라잡기'를 통해 제공한 여러 이슈별 파이팅 소스들 중 아직도 유효한 것들을 골라내 제공했다.

다시 말해 상대 후보가 이래서 안 되니 우리 후보를 선택해야 한다는 논리에 힘을 실어주는 작업이 필요했는데 앞서 언급한 개별 이슈파이팅 소스들이 이를 충족시킨 덕분에 SNS를 통해 활발하게 확산·전파될 수 있었다.

대선 1차 TV토론회의 문제점

◆ 12.04 1차 TV토론회 관전평, 너무 실망스럽다
http://bigplanner.blog.me/150153220536

당시 TV토론회는 그동안 대선후보 간의 토론이 없었다는 점에서 기대가 컸다. 때문에 TV를 켜고 자판에 손을 올려놓으며 속기하다 생각하다를 반복했다.

시작이다.

이미 봐왔던 대로 통합진보당 이정희 후보는 말을 잘한다. 여유까지 느껴지는 듯한데, 민주통합당 문재인 후보나 새누리당 박근혜 후보는 긴장한 듯 매끄럽지 않은 느낌이다.

시간이 흐르면 조금 나아지겠지 했고, 실제로 조금은 나아지는 듯했지만 그것은 처음에 비해서 나아진 것이지 객관적으로 토론을 잘했다고 평하기에는 무리가 있을 듯하다.

토론 방식, 진행 과정, 후보자들의 발언 내용 뭐 하나 마음에 들지 않는다. 말 잘하는 이정희 후보는 나머지 두 후보를 험담하고, 깔아 뭉개는 데 혈안이고, 나머지 후보들은 속은 부글부글 끓을 지 몰라도 제대로 대응도 못한다.

하~ 후……

내가 지금 보고 있는 것은 제18대 대통령후보 TV토론이다.

지지율 1%도 안 되는 후보, 이전 글에서 언급했듯이 필자가 정당으로 인정하지도 않은 후보, 무슨 염치로 대선후보 등록을 한 것인지 모르겠다 싶은 후보에게 당선 가능성이 높은 후보들이 농락당하는 모습이란……

◆ 09.25 통합진보당 이정희 무엇을 위해 대선 출마하나?
http://bigplanner.blog.me/150148108378

◆ 05.30 종북세력(통합진보당) 의정활동, 눈을 씻고 봐야
http://bigplanner.blog.me/150139633306

◆ 05.21 통합진보당 비례대표 당선자 5월 29일 전에 사퇴 또는 출당 시켜야
http://bigplanner.blog.me/150138993904

급기야 이런 토론을 끝까지 봐야 하나 하는 생각이 드는데 조금 있으면 끝날 것 같다. 다음 2차 토론회에도 이정희 후보가 나온다면 이제 안 보는 것이 나을지도 모르겠다고 생각했다.

그래도 나머지 두 후보들은 완전히 다른 모습으로 다음 토론회에 나서주길 바란다.

말 잘하는 것이 대통령의 필요충분조건은 아니지만 자신의 생각을 효과적으로 표현할 수 있는 것도 대통령에게 필요한 능력, 덕목 중 하나일 것이다.

◆ 12.05 1차 TV토론회 문재인, 이정희 후보의 발언 중 문제점은?
http://bigplanner.blog.me/150153272151

민주통합당 문재인 후보 관련
특별감찰관제는 조사권만 갖기 때문에 청와대 민정수석실 기능밖에 할 수 없다.

특별감찰관제도는 조사권만 갖는 것이 맞지만, 국회가 추천한 감찰관으로 구성하기 때문에 정치적 중립성을 가지게 되므로 청와대 민정수석실의 기능과는 전혀 다르다.

문재인 후보 스스로 민정수석을 했지만 대통령 친인척 비리에 적절히 대응을 하지 못한 것처럼 청와대 소속의 민정수석과 정치적 중립성을 가진 특별감찰관제도는 분명 다르다고 할 수 있다.

또한 특별감찰관은 상시 감찰을 통해 문제를 발견할 경우 상설특검에 고발해서 즉각 수사가 가능하게 할 수 있으므로 그 기능을 '조사권'에만 국한시켜 보는 것은 잘못된 판단이다.

고위 공직자 조사처 설치

고위공직자조사처를 만들자는 것은 일종의 제2의 검찰을 만든다는 것으로, 검찰을 둘로 나눠 갈등을 조장하는 비효율적인 조직 운영이라고 할 수 있다.

더욱이 새로 만든 공수처가 권력남용이나, 정치검찰이 되었을 경우에 공수처 위에 또 다른 공수처를 만들지 않는 이상 이를 견제할 수단이 없다.

권력을 견제하기 위한 또 다른 권력을 만들어내기보다는 현재의 검찰이 자신들의 역할을 충분히 해낼 수 있는 여건, 환경을 만들어주면서 비리 검찰에 대해서는 단호히 대처하는 모습을 보여줄 수 있는 방안을 찾는 것이 현명하다고 본다.

노무현정부 내 남북 간 군사적 도발 없었다

북한 1차 핵실험(2006.10.9) 및 미사일(대포동 2호-2006.7.5) 발사를 군사적 도발로 보지 않는 것이 더 큰 문제다.

북핵에 대한 전 세계적인 관심과 우려 이에 따른 국가적 손실은 문재인 후보의 고려대상이 아니라고 의심되는 것이 더 큰 문제다.

북한이 핵무기를 보유하고 있고, 이를 미사일에 장착해 세계 어디든 공격할 수 있다는 공포를 조장해도 우리민족이 하는 것은 아무 문제가 없다는 것인가?

문재인 후보는 물론 민주통합당 역시 이런 안보관으로는 자신들의 지지기반을 더 확대할 수 없을 것이다.

공동어로수역

내용이 조금 난해하니 아래 경제영식님의 글로 대신한다.

◈ 2012.12.04 블로그 '상식이 통하는 세상'
응답하라 문재인, NLL 공동어로수역 여기에 그리세요!

　　김장수 전 국방장관의 '경직된 태도' 언급은 남북 교류협력에 대한 비
　　협조를 지적한 것이다.

　　이 건은 이미 수차례 언론에 보도되었던 사항으로 김장수 전 국방
장관은 남북 교류협력에 적극 지원하는 입장이었고, 문재인 후보는
김 전 장관의 NLL에 대한 태도를 비난하다가 이번 토론에서는 회피
하는 인상을 주었다.

◈ 2012.10.05 중앙일보 "국방장관 경직돼……" 문재인 발언에 김장수 발끈
http://article.joinsmsn.com/news/article/article.asp?total_id=9497316

통합진보당 이정희 후보 관련
제주해군기지 국방예산 날치기 처리

제주해군기지 예산은 국회 국방위원회 전체상임위에서 합법적 계속사업으로 적법하게 처리했다.

여기서 꼭 말하고 싶은 것이 있다. 통합진보당은 물론 과거 민주노동당이 국회에서 전매특허처럼 사용하는 것이 소수에 대한 배려다. 국회의 상임위에는 통상 20여 명의 의원들로 구성되고 통합진보당은 상임위별로 1명 정도 활동을 한다.

이들은 자신들이 관심을 가지는 분야에 대해서만 발언을 하면서 자신들이 발언할 때는 더 많은 배려를 요구한다. 그리고 자신의 의견과 다른 부분이 있으면 떼쓰기, 폭력 등을 동원해왔다. 18대 폭력 국회의 주인공이 그들 아닌가?

그러면서도 민주주의 기본인 '다수결의 원칙'은 헌신짝 취급하는데 정작 자신들 내부의 문제에 있어서는 주류, 비주류, 다수, 소수를 엄격히 구분했을 뿐만 아니라 헌정사상 유례없는 비리로 자신들의 비례대표를 선출해놓고선…… 참으로 상대하고 싶지 않은 분들이다.

애국가

통합진보당 공식행사에서 애국가를 부르지 않아 같은 통합진보당 인사였던 유시민 의원까지도 당 공식행사에서 애국가는 불렀으면 좋겠다고 한 내용은 이미 잘 알려진 사실이다.

◆ 2012.05.10 경향신문, 유시민 "통합진보당 공식행사 때 애국가 왜 부르지 않나"

또한 문재인 후보조차도 통합진보당을 겨냥해 애국가를 부르지 않는 세력과 연대하지 않겠다고 한 내용이 언론에 보도된 바 있다.

◆ 2012.11.06 조선일보, 문재인 "애국가도 안 부르는 통합진보당과 연대 생각 없다"

12월 4일, 제18대 대통령선거 후보자 1차 TV방송 토론회가 끝난 직후의 분위기는 지지율 1%도 안 되는 통합진보당 이정희 후보의 급부상으로 요약할 수 있겠다.

이 후보의 상대 후보에 대한 거침없는 공격에 많은 사람들이 대리만족하며, 지지율 상위 1, 2등 후보에 대한 자질론이 고개를 들려했다.

이 같은 상황에서는 1차 대선 TV토론회에서 대선후보들의 발언 중 잘못된 내용을 지적해 겉으로 보이는 것이 모두가 아니라는 점을 강조할 필요가 있었고, 특히 이 후보에 대해서는 그가 펼친 논리를 그 자신에게 대입해 그가 가장 자격 없는 후보라는 점을 강조했다.

남은 2번의 대선 TV토론회에 지지율차가 심한 후보들이 함께 토론하는 것이 맞느냐 하는 논쟁과 함께 이 후보의 대통령후보로서의 자질에 대한 문제제기가 줄을 이었고 이 후보에 대한 부정적 관심 여론이 더 힘을 얻었다.

문재인 - 안철수 후보 단일화 이슈에 대한 대응

◈ 11.09 문재인 안철수 후보 단일화의 의미와 효과 그리고 결과는?

http://bigplanner.blog.me/150151331589

이번 대선의 가장 큰 변수이자 가장 관심이 집중되는 이슈는 바로 문재인, 안철수 후보의 단일화일 것이다.

지난 9월 19일, 안철수 후보가 대선 출마 선언을 한 그날도 언론의 가장 큰 관심은 단일화였는데 문재인, 안철수 후보가 회동을 통해 단일화에 합의하고 대선을 40일 앞둔 오늘도 역시 단일화가 가장 큰 이슈다.

단일화란 이슈가 얼마나 오랜 기간 동안 다른 대선 이슈들을 퇴색시키고 우리들의 이목을 집중시키게 만들었는지 모르겠다. 그래서 한 번 정리를 해보자는 생각에 무작정 써본다.

1. 단일화의 의미?

최근 여론조사 결과(11.8 서울신문)를 보면 박근혜, 문재인, 안철수 3자 구도일 때 지지율이 박근혜 40.5%, 문재인 19.8%, 안철수 26.5%이다.

약간의 차이는 있겠지만 지금까지 주요 여론조사 결과도 대략 이같은 수준이라고 보면 새누리당 박근혜 후보의 승리가 확실해 보인다. 역시 약간의 차이는 있겠지만 2등과 3등의 지지율을 단순히 합하면 1등보다 높은 지지율이 나온다.

현재의 2등과 3등이 단일화의 유혹에 빠질 수밖에 없는 치명적인 매력이 바로 이것이고, 이번 선거 내내 문-안 단일화가 이슈가 될 수밖에 없는 이유도 바로 이 때문이다.

그렇다면 이번 단일화의 의미는 무엇일까?

지난 10월 22일, 소설가 황석영 씨는 문재인, 안철수 후보 단일화를 촉구하면서, 후보 단일화 실패로 한국 민주주의 사회발전 수준을 심각하게 후퇴시켰던 1987년의 실패를 되풀이해서는 안 된다고 강조했다.

그런데 지금의 단일화를 87년과 비교할 수 있을까? 그때는 많은 민주화 인사들과 학생들의 희생으로 얻어낸 직선제였기 때문에 후보 단일화를 요구했던 것이다.

지금의 이명박정부는 군부정권도 아니고 국민이 직접 뽑은 정부다. 때문에 지금의 단일화는 2002년 대선 때와 같이 정권쟁취를 위한 명목 외에는 다른 큰 의미를 찾기 어렵겠다.

2. 단일화의 효과는?

11월 6일, 문재인, 안철수 후보가 회담을 가지면서 단일화 관심은 더욱 고조되었고 이제 실무협의를 진행한다고 하니 그 실제 효과가 얼마나 될지 궁금하다. 하지만 아직 구체적인 분석은 많지 않은 것 같다.

어쨌건 좀 단순화 시키면 '1+1=2±∝'라는 공식에서 ∝가 '+'가 될 것이냐 '-'가 될 것이냐가 첫 번째 관심이겠고 다음은 '∝'의 힘이겠다.

문재인, 안철수 후보 측에서야 '∝'를 플러스로 만들기 위한 작업에 몰두할 것이고, 박근혜 후보 측은 '-'가 되기를 원할 것인데 필자의 생각은 '-'다.

앞서 단일화의 의미를 다뤘듯이 이번 단일화가 정권쟁취를 위한 수단이라는 점 외에 다른 큰 의미를 발견하기 어렵기 때문이다.

또한 지금 당장의 상황은 그동안 긴가민가했던 단일화 문제가 문재인, 안철수 후보의 만남과 합의로 가속도가 붙었기 때문에 파괴력이 커 보이지만 시간이 흐를수록 단일화는 이미 지난 이벤트로 식상해질 것이기 때문이다.

역대 선거에서 단일화로 실질적인 효과를 봤다고 할 수 있는 것은 2002년 대선이다. 2002년의 단일화 모습과 오늘 2012년의 단일화 모습은 매우 비슷한데 필자가 생각하는 가장 큰 차이점은 신선함이다.

당시 노무현, 정몽준 후보는 이전까지 별다른 접촉이나 단일화에 대한 이슈제기가 없는 상황에서 선거 한 달을 앞두고 단일화에 합의한 뒤 대선후보 등록 즈음 민주당 노무현 후보를 단일후보로 내세웠다.

때문에 2002년 당시 노무현과 정몽준의 단일화는 매우 신선한 충격이었다. 반면 지금의 단일화는 이미 수개월 전부터 혹은 작년부터 충분히 예견되었기 때문에 2002년과 같은 효과는 기대하기 힘들다는 것이다.

3. 단일후보는 누구?

2002년의 민주당 노무현 후보와 무소속 정몽준(국민통합21은 2002년 11월 11일에 창당됨) 후보의 단일화 선례는 현재의 단일화 논의의 교과서적 역할을 하고 있는 것 같다.

시기와 절차는 물론 정당 후보와 그보다 더 인기 있는 무소속 후보와의 단일화라는 점도 신기할 정도로 비슷하기 때문이다.

이렇게 보면 이번 단일화도 정당후보의 승리로 끝날 것인데, 이에 덧붙이자면 누구로 단일화 하느냐에 따른 효율성 때문에 정당후보가 훨씬 유리하다고 본다.

선거비용 확보, 선거운동, 조직, 체계 등 모든 것이 갖춰진 곳으로 가느냐 아니면 기존에 가진 것들을 명목상으로라도 모두 포기하고 새롭게 시작할 것이냐는 어려운 문제에 직면하다보면 별 문제 없고 쉬운 방법으로 문제를 해결하려는 것은 누구나 마찬가지일 것이기 때문이다.

여기에 문재인, 안철수 후보의 지지율 격차가 과거와 비교할 때 크지 않다는 점도 기여를 할 것이고, 단일화를 위한 룰을 논의하고 있다는 것도 문재인 후보에게 플러스 요인이다.

여론조사 이외 다른 무엇이라도 변수가 된다면 그것의 효과는 정당후보가 누릴 가능성이 높을 것이라는 생각도 추가다.

4. 단일화 결과는?

12월 19일, 문재인-안철수 단일화는 어떤 결과를 가져올까?
여기까지 다루는 것은 무리일 것 같아 오늘은 이만한다.

◆ 11.14 문재인 안철수 단일화 협상 중단의 문제점
http://bigplanner.blog.me/150151717151

문재인-안철수 대선후보 단일화 룰 협상이 본격적으로 시작 된지 이틀 만에 안철수 후보 측이 단일화 룰 협상을 당분간 중단한다고 밝혔다.

최근 문재인 후보 캠프 관계자들이 안철수 후보의 양보론을 퍼뜨리고 있다. 안철수 후보 양보론과 관련해 국민펀드 참여자들이 진위 여부를 묻고 있다면서 문 후보 측에 항의했지만 아직까지 성실한 답을 못들은 만큼 단일화 협상을 당분간 중단한다고 밝힌 것이다.

문재인-안철수 후보 단일화는 현재 전 국민의 최대 관심사 중에 하나로 두 후보를 지지하는 사람은 물론 그렇지 않은 사람이나 반대하는 사람들까지 단일화 여부가 대선에 지대한 영향을 미치는 만큼 관심을 가질 수밖에 없는데, 이렇게 중단되어 매우 유감이다.

1. 단일화 논의가 길어질수록 다른 쟁점들은 외면된다

적어도 안철수 후보 대선출마 선언 당시부터 문재인-안철수 후보 단일화에 대한 국민의 관심은 높았다.

대선을 이제 한 달여 남긴 오늘까지 '단일화' 이슈에 묻혀 얼마나 많은 다른 쟁점과 이슈들이 사라졌을까?

◆ 단일화가 모든 쟁점 빨아들이는 대선으로 가나 http://bit.ly/Qj6A2J

◆ '단일화 바람'에 쏠린 선거를 우려한다 http://bit.ly/VAq5Fr

◆ 정책선거, 위기대응 실종시킨 단일화 논쟁 http://bit.ly/PkLM9N

멀리 갈 필요 없이 내 머리 속에 대선후보들과 관련해 어떤 내용이 자리 잡고 있는지를 곰곰이 생각해보면 금방 풀린다.

이번 대선에서 적어도 오늘까지 단일화를 제외하곤, '노무현 전 대통령 NLL 포기발언', '투표시간 연장', '막말' 정도만 남아 있는 것 같다.

기껏해야 선수 선발, 과거문제, 게임의 룰, 참모의 인격 정도의 꺼리로 지금까지 온 것이다.

선거가 코앞인데도 대선후보들이 발표한 공약이나 정책, 사회 문제에 대한 입장, 다음 정부의 비전은 물론 그들의 공약이 실현가능한 것인지, 누가 더 나에게 맞는 비전을 제시하는지 제대로 따져볼 기회조차 갖지 못했다.

그나마 야권 후보 단일화가 되면 이후부터라도 제대로 확인할 수 있겠거니 했는데 느닷없이 단일화 협상을 중단한다니 유감을 가질 수밖에 없지 않은가?

2. 단일화를 흥행 수단으로 사용하는 것은 국민에 대한 도리가 아니다

누가 대선후보가 되느냐는 문제는 지금이 아닌 훨씬 전에 결론 냈어야 했다.

정당이 경선을 통해 대선후보를 선출하는 것도, 선거일 180일 전에 예비후보자 등록을 하게 한 것도 충분한 시간을 갖고 대선후보로서의 자신을 알리면서 대통령이 된다면 어떻게 대한민국을 이끌어갈지 그 비전과 정책을 제시하라는 것이다.

이 때문에 그동안 충분한 시간이 있었음에도 단일화로 시간을 끌며 자신들의 흥행 수단으로 사용하는 것은 국민에 대한 도리가 아니라는 것이다. 도대체 뭘 보고 판단하라는 것인가? 지금까지 알려진 대선후보들의 겉모습만 보고 결정하라는 것인가? 그들이 가진 콘텐츠가 뭔지도 모르는데?

그런데도 후보 단일화를 한다는 것은 분명 큰 이슈이기에 기다려 줬는데 당분간 협상 중단이라니……. 당분간이면 하루 이틀이 될지, 일주일이 될지 한 달이 될지 모른다는 것이고 상황에 따라 얼마든지 연기할 수 있어서 대선을 며칠 앞두고 단일화 할 수도 있다는 뜻이겠다.

이 때문에 단일화를 자신들의 흥행수단으로 사용하며 국민을 기만하지 말라고 경고하는 것이다.

3. 협상 중단의 명분이 없다

문재인 후보 측이 안철수 후보 양보론을 퍼뜨리고 있다는 사유로 협상을 중단한다? 국민적 관심에 비해 너무 치졸한 변명이 아닐까?

문재인 후보 자신이 그런 말을 퍼뜨렸다는 것도 아니고 참모들이 그러했다는 점에서 명분이 약해지고, 양보는 누구든지 할 수 있는 것 아니냐는 점에서 치졸한 변명이라 생각된다.

안철수 후보 측에서 선거를 단일화를 얼마나 아름답게 구상하고 있는지는 모르겠으나 설사 그렇다 치더라도 안철수 양보론이라는 소문을 가지고, 혹은 실체가 있다 하더라도 이를 핑계로 협상을 중단하는 것은 국민들에게 얼마나 아름답게 비춰질지 생각해볼 일이다.

4. 문재인 펀드, 안철수 펀드 떳떳한가?

안철수 후보 측은 협상 중단 사유로 역시 안철수 양보론과 관련해 국민펀드 참여자들이 진위 여부를 묻고 있다는 점을 들었다.

필자가 아는 정치인 펀드란, 선거를 앞두고 선거비용을 마련하기 위한 것으로 선거가 끝나면 득표율에 따라 지급되는 보조금으로 빌린 돈을 갚아주는 것이다.

문재인, 안철수 후보 모두 펀드를 개설해 성황리에 모집한 것으로 안다. 그런데 두 후보들은 서로 단일화 한다면서 선거 이후 지급되는 보조금으로 갚아나가는 펀드를 모두 개설했다.

물론 서로 단일화를 추진하는 데 누구는 펀드를 모집했는데 다른 누구는 안했다면 이를 두고 또 왈가불가할 수 있고 진정성도 의심할 수 있겠다. 그런데 이상하지 않나?

단일화 한다면, 두 명 중 한 명만 선거를 치른다는 것이고 한 명만 보조금을 받아 빌린 돈을 갚을 수 있기 때문이다.

결국 문재인, 안철수 후보는 둘 다 애초에 펀드를 개설하지 않았어야 했다. 단일화 한다면 둘 중 한 명은 무책임한 행동을 한 것이 된다.

물론 두 후보 모두 갚을 능력은 될 것이다. 사실 펀드를 모집할 필요도 없었을 것이다. 그럼에도 펀드를 개설해 모금활동을 벌이는 것은 그것이 또 다른 형태의 선거운동 효과가 있기 때문이겠다.

그런데 그래서 더욱 문제다. 문재인, 안철수 후보 두 분은 과연 단일화와 펀드를 놓고 봤을 때 떳떳하냐고 묻고 싶은 이유다.

◈ 11.24 안철수 후보 사퇴, 그 다음 행보가 기대되는 이유
http://bigplanner.blog.me/150152444372

어제 저녁, 기본 채널 밖에 나오지 않는 TV화면 하단에 속보가 뜬다.

'안철수 후보 사퇴'
'안철수 후보 사퇴'
'안철수 후보 사퇴'
'안철수 후보 사퇴'

깜짝 놀라 채널을 돌려보는데, 10여 분이 지나서야 뉴스 앵커의 간단한 멘트가 나온다. 안철수 후보가 사퇴 기자회견을 가졌는데 단일화 협상에 대한 불만을 나타냈다는 것이다.

설마 안철수 후보가 문재인 후보와 단일화 하지 않으면서 후보 사

퇴를 한 것일까? 그렇다면 문재인 민주통합당에 대한 강한 불신과 부정을 나타낸 것일 테니, 오늘 이후 구도는 1:1이 명확해짐은 물론 강과 약이 뚜렷해지겠구나……. 17대 대선과 비슷한 모습이 되겠다는 생각을 했다.

팩트를 확인하고 싶은 마음에 요즘 들어 부쩍 아빠에게 매달리는 아이를 배부른 아내에게 잠시 맡기고는 컴퓨터를 켜고 검색을 한다.

안철수 후보 기자회견문 전문부터 찾아 대충 읽어보니 단일후보는 문재인 후보라고 밝혔다. 그럼 그렇지…….

다시 한 번 읽어보니 이건 뭔가 좀 복잡한 것 같다. 그래서 안철수 후보의 기자회견문의 행간을 짐작해본다.

존경하는 국민 여러분, 저는 오늘 정권교체를 위해서 백의종군할 것을 선언합니다.

단일화 방식은 누구의 유불리를 떠나 새 정치와 정권교체를 바라는 국민의 뜻에 부응할 수 있어야 합니다.

그러나 문재인 후보와 저는 의견을 좁히지 못했습니다. 제 마지막 중재안은, 합의를 이끌어내지 못했습니다. 여기서 더 이상 단일화방식을 놓고 대립하는 것은 국민에 대한 도리가 아니라고 생각합니다.

옳고 그름을 떠나 새 정치에 어긋나고 국민에게 더 많은 상처를 드릴 뿐입니다. 저는 차마 그렇게는 할 수 없습니다.

이제 문 후보님과 저는 두 사람 중 누군가는 양보를 해야 되는 상황입니다.

저는 얼마 전 제 모든 것 걸고 단일화를 이루겠다고 했습니다.

제가 후보직을 내려놓겠습니다.

기자회견의 첫마디가 '백의종군'이니 야인으로 돌아가는 것이 아니라 지금의 직위는 내려놓지만, 계속 뛰겠다는 의지를 미리 밝힌 것이겠다.

이후 단일화 방식을 이야기하면서 문재인 후보와 의견을 좁히지 못했지만 단일화 방식을 놓고 대립하는 것은 국민에 대한 도리가 아니므로 자신이 양보하겠다고 밝혔는데, 이는 결국 문재인 후보 측과의 협상 과정이 마음에 들지 않지만 자신만이라도 국민에 대한 도리를 다하기 위해 어쩔 수 없이 양보한다는 마음을 표현한 것이겠다.

그런데 여기서 '백의종군'이라는 말도 여러 의미를 내포했다고 본다.

이순신 장군이 백의종군을 할 수 밖에 없었던 원인을 되새겨보면 그렇다는 것이고, 이 때문에 안타까운 마음이 드는 것도 사실이다.

◆ 이순신은 왜 백의종군을 해야 했나?

http://navercast.naver.com/contents.nhn?contents_id=9903

제가 대통령이 되어 새로운 정치를 펼치는 것도 중요하지만 정치인이 국민 앞에 드린 약속을 지키는 것이 그 무엇보다 소중한 가치라고 생각합니다.
국민 여러분 이제 단일후보는 문재인 후보입니다. 그러니 단일화 과정의 모든 불협화음은 저를 꾸짖어 주시고 문재인 후보께는 성원을 보내주십시오.
비록 새 정치의 꿈은 잠시 미뤄지겠지만 저 안철수는 진심으로 새로운 시대, 새로운 정치를 갈망합니다.

안철수 후보는 단일화와 관련해 자신이 희생했다는 것을 재확인시켜주면서 문재인 후보에게서는 새 정치를 기대할 수 없다는 의미를 내포한 것으로 본다. 사실, 이 때문에 머리가 아프다.

문재인 후보를 성원해달라면서 그에게서는 새 정치를 기대할 수 없다니…… . 결국 국민께 드린 약속을 지키면서 자신의 정치적 양심을 지켰다…… .

이 정도로 이해하고 넘어가련다.

국민 여러분께서 저를 불러주신 고마움과 뜻을 결코 잊지 않겠습니다. 제가 부족한 탓에 국민 여러분의 변화의 열망을 활짝 꽃피우지 못하고 여기서 물러나지만 제게 주어진 시대와 역사의 소명, 결코 잊지 않겠습니다. 그것이 어떤 가시밭길이라고 해도 온몸을 던져 계속 그 길 가겠습니다.
존경하는 국민 여러분. 진심으로 존경합니다. 그리고 사랑합니다.
그리고 지금까지 저와 함께 해주신 캠프 동료들, 직장까지 휴직하고 학교까지 쉬면서 저를 위해 헌신해주신 자원봉사자 여러분, 미안합니다. 고맙습니다. 정말 고맙습니다. 감사합니다.

어려운 말은 아니지만 말 한 마디, 한 마디를 얼마나 고민했을지 짐작은 된다. 이를 통해 이제 안철수 후보는 진정한 '정치인'이 되었다.

이명박 대통령도 대통령후보일 때 기존 정치를 부정하고 새로운 정치를 말했다. 대통령이 되어서는 여의도 정치를 멀리 했고 일면 기대를 갖게 했다가 호응은 얻지 못했다.

결국 이 때문에 이명박정부나 이번 대선에서 '소통'이 강조되었고,

안철수 후보가 이른바 '소통'의 아이콘이 될 수 있었다고 본다.

그렇다면 향후 정치인 안철수의 모습은 '소통'에 '새 정치'가 가미된 사람이어야 할 것이다.

많은 사람들이 아마추어에게서 '신선함'을 찾지만, 프로도 충분히 새롭고 신선할 수 있다. 여기에 '안정감'까지 더할 수 있는 '정치인 안철수'라면 지금까지 드러난 그의 흠결에도 불구하고 충분히 대통령이 될 수 있지 않을까 하는 기대도 된다.

◆ 12.03 안철수 전 후보 캠프 해단식의 영향력은 ±1%?
http://bigplanner.blog.me/150153103416

18대 대통령선거일이 오늘까지 16일 남았다. 오늘까지 이번 대선에 가장 큰 변수 혹은 이슈가 '문재인-안철수 단일화'였다는 것에 시비를 걸 사람은 드물 것이다.

또한 그 과정과 결과가 매끄럽거나 아름답지 않아 당초 예상만큼, 문재인 후보에게 유리하게 작용하지 못했다는 평가도 큰 무리는 없을 듯하다.

안철수 전 후보는 사퇴 이후 열흘이 지난 오늘까지 대선에 영향을 미치고 있고 지금 현재 많은 사람들이 오늘 안 캠프 해단식에서 안철수 후보가 어떤 입장을 표명할까에 관심을 두고 있다.

결론적으로 필자가 예상하는 안철수 전 후보 입장에 따른 지지율 변화는 ±1%다.

지난 열흘 동안 안철수 전 후보 지지자들 상당수는 입장을 정리했고, 나머지 사람들은 이른바 부동층으로서 자신의 의지에 따라 지지 후보를 결정하거나 투표 자체를 포기할 것이다.

때문에 안철수 전 후보가 오늘 박근혜 후보를 지지한다고 밝히지 않는 이상 그 영향력은 ±1% 정도일 것으로 예상한다.

또한 이렇게 판단할 수 있는 근거는 오늘 해단식이 전혀 새로운 것이 아니라는 데 있다. 예상된 것이었기 때문에 그 영향을 단순히 '+'나 '-'로 계산할 수 없다. 곱하기나 나누기의 연속으로 예측하는 것이 맞다는 것이다.

예를 들어, 안철수 후보 등록 이후 안철수 후보를 지지하게 된 사람이 100명이라고 본다. 사퇴 전까지 10%가 줄고, 사퇴 이후 80%가 줄어든 상태에서 안철수 전 후보가 다시 누구를 지지한다고 했을 때 이에 영향을 받을 사람은 30%라고 치자.

'100×0.9×0.2×0.3=5.4'와 같이 전체 이벤트를 놓고 봤을 때 개별 이벤트의 실질적인 영향력은 회를 거듭할수록 급격히 줄어들 수밖에 없는 것이다. 물론 여기서 쓴 수치는 임의로 쓴 것으로 어떤 과학적 근거도 없지만 성격이 비슷한 이벤트를 거듭할수록 그 영향력은 급감한다는 것을 이해하는 데는 무리가 없을 것이다.

이제 좀 더 구체적으로 들어가 보자. 안철수 전 후보 지지자는 어떻게 구분할 수 있을까?

1. 문재인 후보에게 호감을 가지고 있는 사람
2. 박근혜 후보에게 호감을 가지고 있는 사람
3. 문재인, 박근혜 두 후보 모두에게 호감을 가지고 있지 않은 사람

위 1~3번의 구분은 모두 '안철수 후보를 지지하는 사람'이라는 전제가 포함되어 있다. 안철수 후보 사퇴 이후 지난 열흘 동안 1번과 2번 해당하는 사람은 자신의 입장을 어느 정도 정리했을 것이고 그 결과도 역시 여론조사에 상당 부분 반영되었다고 본다면, 만약 오늘이 되었든 또 언제가 되었든 안철수 전 후보가 입장을 표명했을 때 가장 영향을 받는 사람들은 3번에 해당할 가능성이 높겠다.

다시 소설을 써본다.

안철수 사퇴 전 지지율을 23%라고 가정하고, 1번에 해당하는 사람은 55%, 2번에 해당하는 사람은 25%, 3번에 해당하는 사람은 30%라고 하자. 1번과 2번은 기 여론조사에 이미 어느 정도 반영되었다는 점에서 3번만 놓고 보면 25×0.3=7.5% 정도다.

그런데 이는 안철수 후보가 문재인 후보나 박근혜 후보를 전폭적으로 지지했을 때의 이야기다. 그의 사퇴 회견에서 엿볼 수 있었던 것처럼 그가 누구를 전폭적으로 지지하고, 자신의 역량을 모두 투입하기는 어려워 보인다. 때문에 오늘 해단식에서 어떤 입장을 표명한다 해도 그것은 명확하지 않은, 전체적으로 봤을 때 어떻다 하는 총평 식으로 평가될 확률이 높을 것이므로 현재 영향력 7.5%의 20% 수준인 1.5%가 되겠다.

여기에다 3번에 해당하는 사람들의 실제 투표율을 따져봤을 때 평균에 훨씬 미치지 못할 것이라 예측해도 큰 무리가 없을 것이므로 1.5%의 50% 수준인 0.75%가 오늘 안 캠프 해단식 입장표명에 따른 실질 영향력이 되겠다.

그런데 이마저도 안철수 전 후보가 강도의 차이가 있을지 몰라도 일관된 입장을 보였을 때의 이야기다.

결국 전반적인 상황을 고려했을 때 오늘 안철수 전 후보가 캠프 해단식에서 어떤 입장을 표명하든지 대선후보들에 대한 실질적인 영향력은 ±1% 수준이라는 점을 이렇듯 장황하게 풀었다.

사실 별 것도 아닌 이야기를 장황하게 풀어 오히려 이해하기 힘들게 만들었는지도 모르겠다. 그리고 여기선 쓴 여러 숫자들은 순전히 필자의 머릿속에서 나온 것이지 객관적인 근거는 아니다.

그럼에도 필자는 한 가지 더 말하고 싶다. 그것은 이미 사퇴한 후보의 행보에 너무 매몰되지 말고 현재 뛰고 있는 주자들에 대해 관심을 가지고 이들의 경쟁력을 따지는 데 관심을 갖자는 것이다.

◆ 12.06 안철수의 문재인 지원 결정은 결국 둘 다 죽자는 것
http://bigplanner.blog.me/150153358018

안철수 전 후보가 조금 전 문재인 후보와 회동을 마친 후 문재인 후보를 전폭 지원하기로 밝혔다.

회동 직후 양측의 공동 브리핑에 따르면,

1. 새 정치 실현이 시대의 역사적 소명이란 인식
2. 국민적 여망인 정권교체와 대선승리를 위해 더욱 힘을 합침
3. 대한민국 위기극복과 새 정치를 위해 대선 이후에도 긴밀히 협의

위의 3개 항에 합의했다고 하는데, 이를 통해 지지율 정체를 빚고

있던 문재인 후보는 역전의 기회를 얻었고, 안철수 전 후보는 문 후보의 지원의 정당성을 마련했다는 평가가 있다.

그런데 필자가 보기에는 완전 아니올시다.

가장 큰 문제는 3번 '대한민국 위기극복과 새 정치를 위해 대선 이후에도 긴밀히 협의'다. 이건 공직선거법을 대놓고 위반하겠다. 국민 앞에 우리 '권력 나눠먹기' 하겠다고 선언한 것 아닌가?

〈 공직선거법 〉

제232조(후보자에 대한 매수 및 이해유도죄)

① 다음 각 호의 1에 해당하는 자는 7년 이하의 징역 또는 500만 원 이상 3천만 원 이하의 벌금에 처한다.

1. 후보자가 되지 아니하게 하거나 후보자가 된 것을 사퇴하게 할 목적으로 후보자가 되고자 하는 자나 후보자에게 제230조(매수 및 이해유도죄) 제1항 제1호에 규정된 행위를 한 자 또는 그 이익이나 직의 제공을 받거나 제공의 의사표시를 승낙한 자

2. 후보자가 되고자 하는 것을 중지하거나 후보자를 사퇴한데 대한 대가를 목적으로 후보자가 되고자 하였던 자나 후보자이었던 자에게 제230조 제1항 제1호에 규정된 행위를 한 자 또는 그 이익이나 직의 제공을 받거나 제공의 의사표시를 승낙한 자

② 제1항 각 호의 1에 규정된 행위에 관하여 지시·권유·요구하거나 알선한 자는 10년 이하의 징역 또는 500만 원 이상 3천만 원 이하의 벌금에 처한다.

③ 선거관리위원회의 위원·직원 또는 선거사무에 관계있는 공무원이나 경찰공무원(사법경찰관리 및 군사법경찰관리를 포함한다)이 당해 선거에 관하여 제1항 각 호의 1 또는 제2항에 규정된 행위를 한 때에는 10년 이하의 징역에 처한다.

법 전문가가 아니라 하더라도 공직선거법이 무엇을 금지하고 있는지, 문재인 지지로 다음을 약속 받는 것이 공직선거법에 어긋난다는 것쯤은 충분히 짐작할 수 있을 것이다.

그럼에도 소위 안다는 사람들이, 대통령이 되겠다는 사람들이 막장 드라마 같은 모습을 연출하고는 아름답다 포장하는 모습이 가관이다.

선거법을 위반해가면서까지 권력을 쟁취해 나눠 먹겠다고 약속하는 것이 그들이 말하는 '새 정치'인가?

깨끗한 진보 교육감, 교육 혁신을 외치면서 후보자를 매수해 수도 서울의 교육수장이 되었던 곽노현 전 교육감이 선거법 위반으로 그 직을 내려놓고서도 국고로 지원받은 선거비용 35억 원을 반납하지 않고 있다.

문재인 후보나 안철수 전 후보가 이런 사실을 모르진 않았을 테니 그들의 권력 탐욕이 얼마나 심각한지 능히 짐작할 만하다. 제발 이런 '쇼'를 그만하길 바란다.

그들이 좋아하는 정치공학 차원에서 접근해 보아도 납득이 안 된다. 일전의 글에서 필자는 안철수 전 후보의 대선 영향력이 이제 ±

1% 정도일 것이라 전망해본다.

◆ 12.03 이제 안철수의 대선 영향력은 ±1% 수준 못 넘을 것

http://v.daum.net/link/37332834

지금은? -3~5% 정도라 생각한다. 당장 2~3일 정도는 괜찮을지 모르겠으나 12월 19일 당일에는 분명 '-'가 될 것이다. 앞서 필자가 쓴 글들에서 언급한 내용들과 다름이 없다.

◆ 11.24 안철수 후보 사퇴, 그 다음 행보가 기대되는 이유

http://v.daum.net/link/36976381

◆ 11.14 문재인 안철수 단일화 협상 중단의 문제점

http://v.daum.net/link/36579126

◆ 11.09 문재인 안철수 후보 단일화의 의미와 효과 그리고 결과는?

http://v.daum.net/link/36345830

◆ 09.19 안철수 대선후보의 한계와 극복방안

http://v.daum.net/link/34311517

11월 24일자 글에서 필자는 안철수 전 후보가 이제 진정한 정치인이 되었다고 평가했다. 아무래도 조금 수정해야 할 것 같은데, 이제

그는 진정한 정치꾼이 된 것 같다.

9월 19일의 글에서 밝혔듯이 그가 가진 이미지가 어떻게 형성되었고 그 한계는 무엇인지 스스로 따져봐야 할 것이다.

그리고 이전 글에서 문재인, 안철수 단일화가 구태정치의 전형으로 흐르지 않도록 그토록 당부했건만 어떻게 필자가 가장 안 좋게 그렸던 모습을 그대로 답습하고 있는지 절로 한숨이 나오기 때문이다.

하는 모양을 보고 있자니 문재인 후보는 권력쟁취를 위해서라면 통합진보당 이정희 후보와도 단일화 하겠다. 애초 문재인 후보가 통합진보당에 대해 어떻게 평가했는지 돌아보라.

　안철수, 문재인 대선후보 단일화는 제18대 대선에서 가장 큰 변수이자 이슈였다. 지지율 1위 박근혜 후보와 2위 후보 간의 격차 큰 상황에서 엇비슷한 2, 3위 후보들의 지지율을 합치면 충분히 1위가 바뀔 수 있었기 때문이다.

　문재인 안철수 후보 단일화 과정은 '안철수 대선 출마 선언, 단일화 관심·단일화 협상 시작·단일화 협상 중단·안철수 후보 사퇴, 문재인 소극 지지·안철수 문재인 적극 지지, 단일화 완성'으로 볼 수 있겠는데 개별 사건들은 모두 당시 가장 큰 주목을 받은 이슈였기에 그때그때 상황에 맞는 대응이 필요했다.

　필자의 기본 접근 방식은 문재인, 안철수 단일화 가능성이 점쳐질 때 필자는 처음부터 결과를 정해놓고, 이를 당연한 과정, 정치공학적인 필연적인 선택으로 규정해 대중의 관심과 이슈의 신선함을 줄이고, 단일화 협상 과정과 명분상의 문제를 부각해 '문·안 단일화'에 대한 파급효과를 줄인다는 것이다. 또한 안철수 후보가 내세웠던 '새 정치'를 단일화 과정에 부합시키는 한편, 공직선거법 위반 가능성을 내세워 아름답지 않다는 것을 증명했다.

　결과적으로는 안철수 후보 지지층을 보수, 진보, 중도 등으로 나눴을 때 안철수 후보 사퇴 시 보수 성향 지지자들의 문재인 후보 지지를 차단하고, 안철수의 문재인 후보 지지 당시에는 중도층의 문재인 후보 지지를 막는 데 기여했다고 평가할 수 있겠다.

검증과 네거티브 구분 필요성

◈ 11.30 '새누리당 돈 선거 의혹 제기' 는 검증일까, 네거티브일까?
http://bigplanner.blog.me/150152921567

선거에 있어 네거티브란 상대 후보에 대한 '기면 기고 아니면 그만이다'는 식의 마구잡이 음해성 발언이나 행동을 말한다면, 검증이란 의혹 또는 어떤 명제에 대한 참과 거짓을 사실에 비추어 검사하는 일이다.

특히 네거티브 선거전이 판친다는 요즘 같은 때에 유권자들은 네거티브와 검증을 명확하게 구분해서 판단할 필요가 있다. 이런 의미에서 오마이뉴스가 최초 제기한 '새누리당 선대위 관계자에 거액 유입 의혹'이란 기사는 네거티브와 검증을 구분할 수 있는 좋은 사례라 생각한다.

◆ 오마이뉴스의 최초 문제제기 기사

새누리당 선대위 관계자에 거액 유입 의혹

http://www.ohmynews.com/NWS_Web/View/at_pg.aspx?CNTN_
CD=A0001808397

오마이뉴스의 사건 내용은 이렇다.

> 11월 20일, 부산에서 올라온 A씨가 서울 여의도 소재 렉싱턴 호텔 정문 앞
> 에서 중앙선대위 시민사회특별본부의 간부인 고 아무개 씨에게 150만 원
> 의 현금과 거액의 수표를 건넸다는 것이다.
> 그리고 이 같은 내용은 A씨의 차를 운전했던 Y씨가 민주당에 제보해 알려
> 졌고, 민주통합당은 29일 Y씨와 함께 중앙선거관리위원회에 고발장을 접
> 수했다고 한다.

여기서 아쉬운 점은 오마이뉴스가 증거로 제시한 고 씨의 명함 사
진이다. 취재 과정에서 명함에 나와 있는 전화번호로 전화해 고 씨
가 시민사회통합특별본부라는 곳의 중앙조직실무단장이 맞는지 확
인하지 않은 것이다.

11월 30일 오후 5시 30분쯤 필자가 해당 기사를 보고 명함에 있
는 전화번호로 전화를 걸어보니 그냥 '여보세요~'라고 한다. 시민사
회통합특별본부냐고 물어보니 아니란다. 오늘 하루 이런 전화 때문
에 정말 힘들어하는 말투라서 이내 끊었지만 이런 기본 사실조차
확인하지 않고 기사를 낸 오마이뉴스에게 아쉬움을 느낀다.

하지만 언론사는 이런 문제들을 발견해내고 충분히 공론화시킬수 있다. 다만 기사를 제공할 때 기본적인 사실관계는 확인하고 내보냈으면 하는 바람을 덧붙이고 다음으로 넘어간다.

문제는 민주통합당의 대응이다. 이 같은 내용을 알게 되어 선관위에 고발장을 접수한 것 까진, 선거를 치르고 있는 정당의 당연한 역할일 뿐만 아니라 '검증'의 차원이라 할 수 있겠다.

하지만 30일 오후 4시 10분 민주통합당의 진성준 대변인의 브리핑 내용 중 아래 굵은 글씨 부분은 네거티브로 본다.

오마이뉴스 기사 '3신' 내용 발췌

"새누리당이 돈 선거를 획책하고 있거나 매관매직하고 있다는 의혹을 갖게 하는 사건이 아닐 수 없다" 며 "이 사건은 새누리당이 아직도 돈 선거라는 못된 습성과 매관매직의 낡은 관행에 사로잡혀 있음을 보여준다." 고 지적했다.

진 대변인은 "문제가 되자 새누리당은 그 고 아무개 실무단장을 사퇴시키려고 했다" 며 "박근혜 후보는 입으로만 쇄신을 떠들지 말고 돈 선거와 돈 공천, 매관매직의 못된 습성을 뿌리 뽑을 쇄신대책을 내놔야 한다." 고 말했다.

진 대변인은 '사건의 진상을 철저히 조사해서 밝히고 사죄하고 책임자를 처벌해야 한다.' 며 "문재인캠프는 이 사건을 중대범죄로 보고 사법당국에 고발하는 방안을 적극 검토할 것이다" 라고 말했다.

왜 네거티브냐 하면, 앞서 의혹이라 해놓고, 뒤에서는 그것을 사실인 것처럼 기정사실화하고 자신의 주장을 펼쳤기 때문이다.

더구나 민주통합당의 브리핑에 앞서 새누리당은 아래와 같이 밝혔다.

여 "돈 선거 사실무근, 민주 법적-정치적 책임져야 "

"우선 새누리당 중앙선대위 간부로 보도된 고 모씨는 1972년 생으로 확인 결과 새누리당 중앙선대위로부터 임명장을 수여받은 사실이 없으며 명함을 임의로 제작한 것으로 밝혀졌다"

안 대변인은 "이날 오전 고 씨는 억울한 누명을 밝히겠다며 오마이뉴스 해당 기자와 대리기사 Y씨를 명예훼손 혐의로 영등포경찰서에 고소했고, 오후 영등포경찰서에 자진 출두해 고소인 조사를 받고 있다. 사건의 진상이 조속히 밝혀질 것" 이라고 강조했다.

그는 "민주당과 문재인 후보는 오마이뉴스 기사의 내용이 사실과 다른 것으로 밝혀질 경우 흑색선전에 대해 법적·정치적 책임을 져야할 것" 이라고 밝혔다.

이 외 사건내용에 관한 부분은 다루지 않았지만 예로 든 기사만 봐도 사건의 전말은 충분히 짐작할 수 있을 것이다.

필자가 이를 통해 말하고 싶은 것은 사실 간단하다. '검증'과 '네거티브'는 종이 한 장 차이밖에 되지 않기 때문에 주의해서 보지 않으면 알아채기 힘들다는 것이다.

이슈파이팅 상황과 평가

민주통합당의 새누리당에 대한 공세가 날로 강화되던 시기, 새누리당이 효과적인 대응을 하지 못했기에 민주당은 공세는 더욱 심해졌다.

특히 포스팅에서 예로 든 사건의 경우 새누리당의 반박은 민주당의 문제제기에 비해 거의 주목받지 못했다.

상대의 마구잡이식 공격에 대응하는 효과적인 방법은 마구잡이를 분류하는 것이다. 다시 말해 민주당의 문제제기를 긍정적인 의미의 '검증'과 부정적인 의미의 '네거티브'로 분류하고, 유권자들에게 이를 분명히 구분할 필요가 있다는 점을 각인시키는 한편, 민주당의 문제제기가 네거티브라는 증거를 제시해 그들의 주장에 신뢰를 잃게 했다.

이후 이 같은 네거티브성 이슈들은 생긴 지 얼마 안 되어 곧 소멸되었고, 정치권의 문제제기를 검증과 네거티브로 구분할 필요성에 대한 논란이 어느 정도 있었다.

또한 이 같은 글을 통해 필자는 물론 새누리당의 문제제기는 '검증'이고, 민주당의 문제제기는 '네거티브'라는 공식을 내세울 수 있었다.

박근혜 후보를 위한 홍보·공격·방어 논리

11.30 '저는 박근혜 후보를 지지합니다.'
http://bigplanner.blog.me/150152652044

1. 그동안 '대선돋보기' 코너를 운영하며 대선 이슈에 대해 많은 관심을 가져왔고, 또 나름의 의견도 피력해왔습니다.

돌아보니 대부분 비판적인 내용인데, 그 중에서도 문재인 후보와 관련된 내용이 많았습니다. 그래서 박근혜 후보를 지지하려 합니다.

2. 이번 대선에서 실제 대통령 당선 가능성이 있는 후보는 새누리당 박근혜 후보와 민주통합당의 문재인 후보일 것입니다.

저는 저의 소중한 한 표가 사표(死票)가 되지 않도록 박근혜 후보를 지지할 것입니다.

3. 모든 후보가 정치쇄신을 말합니다. 하지만 그 정치쇄신안이라는 것들은 정치권력 구도를 구조를 바꾼다는 의미 외에 정말 쇄신이라는 의미를 부여할 수 있을지 의문입니다.

어차피 대동소이한 정치쇄신이라면, 대한민국 헌정사상 최초의 여성대통령을 만드는 것이 가장 큰 정치쇄신이 아닐까 생각했기 때문에 박근혜 후보를 지지합니다.

4. 현재도 힘들지만 내년도 힘들 것이라고 합니다. 세계경제도 위태롭습니다. 제18대 대통령은 위기의 대한민국을 책임져야 합니다.

현재의 대선후보들 중 과연 누가 위기를 겪어보았고, 또 그 위기를 슬기롭게 극복한 사람은 누구인가를 고민해봅니다.

안철수 전 후보는 위기를 극복하지 못했고, 문재인 후보는 책임 있는 자리에서 위기에 맞선 적이 없고, 또 위기를 극복한 적도 없습니다.

반면 박근혜 후보는 그 삶 자체가 위기와 위기극복의 연속이었고, 지금까지 잘해주었다고 생각합니다. 그래서 박근혜 후보를 지지합니다.

5. 대선후보들은 수많은 공약을 합니다. 이렇게 하겠다. 저렇게 하겠다. 이럴 때면 무슨 신이라도 된 것 같습니다.

후보들의 공약처럼 세상사가 쉽게 풀린다면 공약할 필요도 없을 것입니다. 저를 비롯한 많은 국민들이 정치인의 공약에 대해 비판적인 이유는 그들이 지키지 않아서입니다.

약속을 남발하는 사람보다 박근혜 후보가 더 믿음이 가는 이유는 그녀가 약속을 잘하진 않지만 한 번 약속하면 반드시 지켰기 때문일 것입니다. 저는 그래서 박근혜 후보를 지지합니다.

6. '소통'을 강조합니다. 누구는 박근혜 후보를 보고 '불통'의 이미지를 떠올리기도 합니다. 심지어 저 역시 저의 과거 글을 보니 박 후보의 '소통'을 강조하기도 했습니다.

하지만 이것은 잘 하는 사람에 대한 채찍이자 아쉬움입니다. 정치에 있어 '소통'의 목적이 무엇일까요? 내 이야기 좀 들어서 국정에 반영해달라는 것 아니겠습니까? 단순히 누구를 만나지 않았다고 해서, 트윗 맨션을 달지 않았다고 해서 불통이라 단정할 수 없습니다.

오히려 듣지만 실천하지 못하는 게 더한 불통일 것입니다. 결국 박근혜 후보의 소통은 신중히 듣고 실천하는 것이었기에 저는 박근혜 후보를 지지합니다.

7. 다음 대통령은 대한민국의 힘을 하나로 모아 위기를 극복해야 할 책임이 있습니다. 분열과 갈등으로 얻은 반사이익으로 국정운영을 한다면 대한민국은 늪에 빠진 것처럼 헤어나기 힘들 것입니다.

높아진 복지 수요를 감당하기 위해서는 우리 사회의 어느 축도 무너져서는 안 됩니다. 조화를 이뤄야 합니다.

세대 간 갈등을, 이념의 충돌을, 계층 간 분열을 막고 통합할 수 있는 후보, 가진 자의 자발적인 양보를 이끌어내고, 사회적 약자에게 공평한 기회를 제공할 수 있는 그런 조화를 추구하는 국민대통합의

적임자는 바로 박근혜 후보라고 생각하기 때문에 박근혜 후보를 지지합니다.

◆ 11.28 내가 박근혜 후보 연설자라면, 이렇게 연설하겠다 1, 2

http://bigplanner.blog.me/150152727789

경제 파탄의 주범은 노무현정권

여러분, 양극화, 코드인사, 세금폭탄, 부동산 폭등, 공교육 붕괴, 이태백, 십장생, 청년실업, 카드대란, 돌려막기 모두 언제 생겨난 말들입니까?

그렇습니다. 모두 노무현정권 당시에 만들어진 말들입니다.

노무현정권의 실정 때문에 국민들은 잃어버린 10년을 다시 찾고자 당시 우리 한나라당을 선택해주셨습니다.

그렇게 탄생한 이명박정부, 물론 잘한 것도 있고 못한 것도 있습니다만, 어떻게 노무현정권이 더 잘했다고 할 수 있습니까? 어려운 통계 수치 필요 없이 한 마디로 비교할 수 있습니다.

노무현정권은 세계경제 호황 속에서 주변국은 물론 OECD 대부분 국가들이 고성장을 하고 있을 때에도 불황에 저성장을 해왔습니다.

이명박정부는 세계경제 위기 속에서 세계 각국이 마이너스 성장의 늪에 빠졌을 때에도 우리나라만은 플러스 성장을 할 수 있었습니다. 이 이상 무슨 비교가 필요하겠습니까?

그렇다고 이명박정부가 잘한 것만 말하진 않겠습니다.

준비된 여성대통령 박근혜 후보는 현 정부의 공은 계승하고 과는 과감히 개선해나갈 것입니다.

문재인, 대통령선거 출마 자격 없다

노무현정권의 2인자가 이번 대통령선거에서 자신도 대통령이 되겠다고 나섰습니다. 여러분, 노무현정권이 과연 도덕적으로 깨끗했습니까? 이런 후안무치한 경우가 어디 있습니까? 없습니다.

여러분, 기억나십니까? 태광실업 박연차 게이트!

노무현 전 대통령 자신은 물론 형과 아내, 딸, 조카사위, 사촌까지 죄다 비리에 연루되었음에도 제대로 처벌받지도 않았습니다.

특히 형인 노건평 씨는 무슨 비리 저장고처럼 노무현정부 5년 내내 온갖 비리로 신문 1면을 장식했습니다.

노무현정권의 왕수석, 실세라고 불리던 문재인 후보의 당시 직책이 무엇인지 아십니까? 바로 대통령의 친인척을 관리하며 이런 일들을 예방하는 책임을 가진 민정수석입니다.

여러분, 기억나십니까? 봉화마을 개발 사업을 위해 70여억 원을 투자한 창신섬유 강금원 회장으로부터 검은 돈을 받은 사람도 넘쳐납니다.

대통령 비서실장, 대변인은 물론 일개 행정관까지, 민주당 최고위원은 물론 노사모라는 사조직까지 아주 골고루 검은돈을 받았습니다.

사실이 이러한데, 문재인 후보는 노무현 전 대통령 자살 직후 노무현재단을 만들어 자신의 지지기반으로 삼았습니다.

아직 끝나지 않았습니다. 2003년 4월, 2조 원대의 공적자금이 투입된 나라종금 사건, 5월 생수회사 장수천 사건, 썬앤문 불법자금 의혹

사건은 물론 우리 사회를 학력 검증의 광풍을 몰아넣었던 청와대 정책실장 변양균의 신정아 비호 스캔들까지 노무현정권은 각종 게이트와 스캔들로 국정을 파탄시켜놓고 이제 와서 뭘 잘했다고 그 정권의 2인자가 대통령이 되겠다고 나설 수 있습니까?

안될 말입니다. 여러분만이 막을 수 있습니다.

박근혜는 실천 가능한 약속만 한다

여러분, 박근혜 후보와 문재인 후보의 정책, 정확히 알고 계십니까?

아마 제대로 아시는 분은 매우 드물 것입니다. 왜 이렇게 됐겠습니까?

그동안 야권 단일화니 뭐니 하면서 모든 관심이 국민의 삶이 아니라 이벤트에 집중되었기 때문 아닙니까?

그 이벤트 누가 했습니까? 왜 했겠습니까? 바로 정책적으로 깊이 들어가면 자신들이 불리하기 때문입니다. 자신이 없었기 때문입니다. 그래서 누구는 공약도 이벤트처럼 만든 것 같습니다.

여러분, 대선후보들이 어떤 약속을 했는지 그리고 그 약속을 실천할 방안은 있는지 한 번 비교해보십시오.

공약이 알맹이도 없는 헛된 공(空)약속이라면 그건 있으나마나 한 것입니다. 한 가지 예를 들어보겠습니다.

서울대, 연세대, 이화여대 등 서울 지역 10개 대학의 대학생 9,200명을 대상으로 대선후보들의 청년공약에 대해 누구의 공약이라는 것을 밝히지 않고 설문조사를 해봤더니 결과가 어땠는지 아십니까? 바로 박근혜 후보의 청년 공약이 압도적인 1위를 차지했습니다.

여러분, 이것은 무엇을 말하겠습니까? 포장지를 뜯고 내용물을 보면 박근혜 후보의 공약만큼 내실 있는 것은 없다는 뜻 아니겠습니까?

여러분, 원칙과 신뢰로 대변되는 준비된 여성대통령 박근혜, 박근혜 후보는 자신이 약속한 것을 지금까지 단 한 번도 어긴 적이 없습니다.

이런 대통령후보 보신 적 있습니까?

12월 19일 여러분이 선택만 해주신다면 우린 믿고 맡길 수 있는 대통령을 만날 수 있습니다.

야권단일화 평가

여러분, 그동안 문재인, 안철수 후보의 단일화 이벤트 때문에 우리는 정말 많은 것을 잃어버렸습니다.

대선후보들에 대한 정책과 자질에 대한 검증은 기대할 수 없었고, 국민의 피로는 늘어만 갔습니다.

안철수 후보의 울며 겨자 먹기식 사퇴로 이뤄진 단일화, 그렇게 아름다웠습니까? 그들의 단일화 협상에는 국민도 없었고, 새로운 정치도 없었습니다.

오로지 자신들의 표 계산과 나눠먹기 등 구태만이 가득했습니다.

차라리 처음부터 제비뽑기로 빨리 결정했더라면 나았을 텐데, 단일화 이벤트로 그동안 블랙홀처럼 빨려 들어간 수많은 문제들은 누가 책임져야 합니까?

우리는 국민들이 자신이 뽑아야 할 대통령이 정말 깨끗한 사람인지, 헛된 공약을 남발하는 사람인지, 자신의 약속을 지킬 의지와 능력은 있는 것인지 검증하고 확인할 기회를 갖지 못했습니다.

끝나고 보니 이번 단일화는 자신들의 대선 흥행 수단으로 사용했다는 것 외에는 어떤 의미도 찾기 힘듭니다. 그렇지 않습니까?

이제 더 이상 그들의 이벤트에 현혹되어서는 안 됩니다.

이제 더 이상 그들의 눈속임에 속아서는 안 됩니다. 여러분!

투표시간 연장 주장 비판

여러분, 12월 19일 대통령선거일이 이제 불과 ○○일 남았습니다.

그런데 아직도 민주당 문재인 후보 측은 투표시간을 연장해야 한다고 선전하고 다닙니다.

우리나라의 투표시간이 짧지 않다, 오히려 투표 여건은 세계 어떤 국가보다 훌륭하다는 것은 팩트입니다. 사실입니다.

그럼에도 불구하고 문재인 후보 측은 곳곳에 거짓말 플래카드를 내걸었고, 선관위가 거짓말 플래카드를 걸지 말라고 경고했음에도 질질 끌며 국민을 속여 왔습니다.

더구나 참정권 실현을 확대할 수 있는 획기적인 방안인 통합선거인명부제는 이번 선거에서 적용하지 못하도록 막은 그들입니다.

선관위의 경고도 아랑곳 하지 않고, 거짓말과 말 바꾸기를 일삼는 그들을 이제 국민이 심판해야 합니다.

12월 19일 그들에게 국민의 준엄한 심판을 내릴 수 있도록 준비된 여성대통령 박근혜 후보를 선택해주십시오.

사람보다 표가 먼저라는 문재인 후보 측

문재인 후보 홍보 제가 대신 해드리겠습니다.

여러분, 스마트폰이나 컴퓨터로 '대선생활백서'라고 한 번 검색해보십시오. 바로 민주통합당 문재인 후보 측의 공식 홍보물입니다.

내용이 어떤지 아십니까?

친구가 문재인이 아닌 다른 후보를 지지하면 왕따로 만들어라. 심지어 이성친구도 다른 후보를 지지하면 헤어져라. 직장에서도 다른 후보를 지지하는 사람이 있으면 뒷담화를 통해 이상한 사람으로 만들어라.

어떻게 이런 내용을 사람이 먼저라는 문재인 후보의 공식 홍보물로, 그것도 시리즈로 만들어 배포할 수 있습니까?

여러분, 민주당 문재인 후보의 공식홍보물 '대선생활백서'에 과연 사람이 있습니까? 국민이 있습니까? 오로지 '표'만 있을 뿐입니다.

자신들의 득표에 도움이 안 된다면 인간관계, 직장생활, 심지어 가족까지 불필요한 존재들이라는데, 어떻게 사람이 먼저라는 것입니까?

속마음은 표가 먼저이기 때문에 이런 홍보물이 나온 것 아니겠습니까?

선거가 아무리 중요하다 해도 어떻게 이럴 수 있습니까?

여러분, 이렇게 표 좋아하는 그들을 우리들이 표로 심판하지 않는다면 누가 하겠습니까?

12월 19일, 진심으로 국민을 생각하는 준비된 여성대통령 박근혜 후보에게 소중한 한 표를 행사해주십시오.

무엇이 진정으로 국민을 위한 것인지, 여러분이 심판해주십시오.

막말과 비하

여러분, 지금부터 제가 하는 말에 너무 놀라지 마십시오.

> "술 먹을 때 채찍과 수갑 꼭 챙겨오길, 음, 간호사 옷하고 교복도."
> "노예, 이런 거 좋아요. 일단 벗고, 수갑과 채찍을"
> "일단 채찍 수갑 개목걸이 양초 준비해주시고 비디오카메라도 있어야"
> "뭐 걱정 마셈, 5일간 안 입어도 되니"

누가 한 말인지 아십니까? 민주통합당 국회의원 김광진 의원이 트위터에 남긴 글입니다.

이 뿐만이 아닙니다. 국회의원이라는 사람의 새해 소원이 누군가의 죽음이라고 하지 않나, 북한이 더 믿음이 간다, 나이를 처먹었으면 곱게 처먹으라는 입에 담지도 못할 말을 버젓이 트위터에 올리는 데도 같은 당 국회의원들은 당신 잘못한 것 없다고 변호까지 해줍니다.

우리 새누리당 박근혜 후보는 이런 변태, 종북세력들에 맞서 외롭게 싸우고 있습니다. 그런데 그들이 어떻게 했는지 아십니까?

이들 세력의 교수라는 사람은 방송에 나와 박근혜 후보를 생식기만 여성이라고 하지 않나, 예술가라는 사람은 딸이 아버지를 낳는 장면을 그것도 대형 화폭에 적나라하게 비꼬면서 그려놓고는 전시회까지 열었습니다. 그러면서 표현의 자유 운운하고 있습니다.

여러분, 치가 떨리지 않으십니까? 차마 입에 담기도 힘든 일들을 그들은 자랑삼아 벌려놓고는 부끄러움조차 모릅니다.

권력 쟁취밖에 모르고, 권력을 위해서는 수단과 방법을 가리지 않는 그들은 오로지 여러분만이 막아낼 수 있습니다. 오로지 국민이란 이름으로만 막을 수 있습니다.

12월 19일, 준비된 여성대통령 박근혜 후보를 선택해야만 변태, 종북세력을 막을 수 있습니다. 여러분!

성장과 복지 그리고 경제민주화

여러분, 경제 성장 없는 복지가 가능하겠습니까?

복지는 성장이 담보되어야 확대할 수 있습니다. 성장 없는 복지가 가능하다면 그것은 순간의 이벤트일 뿐입니다.

경제민주화도 마찬가지입니다. 박근혜 후보는 경제적 약자의 권익을 보호하고, 대기업 집단의 불법행위, 총수일가의 사익편취에 대해 엄격히 대처하며, 기업의 지배구조를 개선하는 한편 금산분리를 강화할 것입니다.

그런데 한편에서 박근혜 후보가 기존 순환출자를 금지하지 않았다고, 뭔가 문제라도 있는 듯이 박근혜 후보의 경제민주화가 잘못되었다는 식으로 말합니다.

여러분, 우리 경제의 한 축인 대기업이 없어지면 우리들 살림살이가 나아지겠습니까? 그럼 한 축인 중소기업이 없어지면 우리 경제가 나아지겠습니까?

아닙니다. 오히려 정반대의 결과에 부딪히게 될 것입니다. 우리 박근혜 후보의 경제민주화 공약의 핵심은 바로 조화입니다.

소상공인, 중소기업, 대기업, 소비자 등 우리 사회 주체들이 서로 공정 하고 투명한 시장 속에서 조화롭게 성장하고 온기를 누리며 발전하자는 것입니다.

준비된 여성대통령, 오로지 박근혜 후보만이 성장과 복지를 조율하며 우리 사회를 안정시킬 수 있습니다.

오로지 박근혜 후보만이 지속가능한 복지를 실현시킬 수 있습니다.

독도와 NLL

여러분, 독도는 우리 땅입니다.

그런데 왜 해마다 일본이 독도를 가지고 시비를 거는지 아십니까?

1998년 김대중 정부는 일본 정부와 '신한일어업협정'을 맺을 때 일본이 동해상에서 최북단섬인 오키 섬을 기점으로 정한 반면, 김대중 정부는 희한하게도 독도가 아닌 울릉도로 설정해서 독도 문제 시비를 자초한 것입니다.

다시 말해, 김대중 정부가 대한민국의 고유영토인 독도를 우리 대한민국의 영토가 아닌 한국과 일본이 공동 관리하는 중간수역 포함시켜, 독도가 일본 땅이라고 우길 수 있는 빌미를 제공했다는 것입니다.

여러분, NLL이 무엇인지 아십니까? NLL은 60년 가까이 우리 국군 장병들의 피로 지켜온 실질적인 해상경계선으로 대한민국 주권의 상징이자 국가의 생명선입니다.

여러분, 1999년 6월 연평해전, 2002년 6월 제2연평해전, 2010년 3

월 북한의 천안함 피격 사건, 그해 11월 북한의 연평도 포격 사건까지 벌써 잊으셨습니까?

이렇게 우리 국군장병들의 피로써 지켜낸 NLL를 남북정상회담에서 그것도 노무현 전 대통령이 부정했다, 포기했다는 의혹이 있습니다.

실체가 드러난 대화록 좀 확인하자는 데도 들어주지 않습니다. 그러고는 슬그머니 NLL이 아닌 공동어로수역을 말합니다.

그런데 자신들이 주장하는 공동어로수역과 NLL를 비교한 자료도 제시하지 않습니다. 왜 그렇겠습니까? 말이 좋아 공동어로수역이지 서해를 북한에 내주는 것과 다름이 없습니다.

여러분, 이들에게 어떻게 대한민국을 맡길 수 있습니까?

안 됩니다.

이슈파이팅 상황과 평가

11월 27일은 18대 대선의 공식선거운동이 시작되는 날이다.

다시 말해 오프라인 선거운동이 가능하게 되는 날이었는데도 새누리당 박근혜 후보 측에서는 지역의 운동원이나 지지자들이 박근혜 후보를 홍보할 수 있는 논리나 상대가 제기하는 문제들에 대한 마땅한 대응논리나 자료가 제대로 전파되지 못했다.

따라서 시급하게 박근혜 후보 지지자들이 쉽게 활용할 수 있는 박근혜 후보 홍보 자료와 공격과 방어 논리를 제공할 필요가 있었고, 인터넷을 통해 위와 같은 자료를 공개 배포함으로써 제공 자료에 대한 나름의 자신감과 신뢰를 줄 수 있었다.

내용의 질을 떠나 공식선거운동 기간 초기 길거리에서 혹은 술자리에서 사람들이 나누는 선거 관련 대화에 위에서 제기한 내용이 포함되지 않는 경우는 드물었을 것이라는 점에서 캠프나 당이 하지 못한 일을 일개 블로거가 대신 해냈다고 자평한다.

아무리 좋은 자료라도 타이밍을 놓치면 무용지물이 되는 일이 다반사이기 때문이다.

실전 0 7

투표시간 연장 논란과 대응

[1]

◆ 10.29 표 득실 결과에 따른 투표시간 연장 요구, 과연 바람직한가?

http://bigplanner.blog.me/150152727789

12월 19일 대통령선거 투표시간 연장 요구가 뜨겁다. 민주당이 이 문제를 9월 이후 지속적으로 제기해오다 바로 어제(10.28) 안철수 후보도 투표시간을 2시간 연장해야 한다고 밝혔기 때문이다.

우리나라의 투표시간 12시간은 선진국에 비해 결코 적지 않은데다, 휴일로 보장하고 있는 만큼, 참정권 보장 차원에서 OECD 평균 이상 수준이라고 생각하지만 여기서는 이에 대한 논의보다는 '투표시간 연장'에 담긴 정략적 목적, 정치성에 대해서만 주목하려 한다.

투표시간에 대한 규정을 담은 법은 공직선거법이다. 현 19대 국회에서 공직선거법을 논의한 시점을 보면, 아래와 같다.

행정안전위원회 법안심사 9월 17일

행정안전위원회 법안심사소위원회 9월 19일, 9월 18일

행정안전위원회 법안심사 9월 20일

법제사법위원회 9월 26일

본회의 9월 27일 가결

9월 27일 본회의를 통과한 '공직선거법 일부개정법률안'의 주요내용은 아래와 같다.

재외선거인 등의 등록신청방법과 관련하여 순회등록, 가족대리등록 및 전자우편을 통한 등록을 허용함으로써 재외선거인 등의 등록신청 편의를 제고하고, 일과시간에 투표를 하기 어려운 부재자투표자의 실질적인 투표권을 보장하기 위하여 부재자투표의 개시시간을 현행 오전 10시에서 오전 6시로 앞당기며, 정당 추천 후보자와 무소속 후보자의 형평성을 고려하여 후보자의 선거사무소에 1개의 선거대책기구를 설치할 수 있도록 한다.

이제 여러 사실관계와 정황을 바탕으로 투표시간 연장 논의에 대한 실체와 해법을 찾으려 한다.

9월 17일 행정안전위원회에서 공직선거법 논의를 시작할 당시 행안위에 제출된 공직선거법은 모두 44건이다. 이날 행정안전위원회의 안건 수는 164건으로 행안 위원들이 하루에 다 심사하는 것은 사실상 무리였다. 때문에 이날 회의록을 보면 공직선거법 44건을

포함해 다른 안건들이 별다른 논의 없이 소위원회로 회부된 것을 알 수 있다.

문제는 9월 18일과 19일에 있었던 행안위의 법안심사소위원회에서 시작된다. 투표시간 연장과 관련한 논의가 석연치 않게 끝났다는 점이 이후 회의과정에서 수차례 지적되었다.

이제는 표 계산이다. 현재 투표시간은 오전 6시부터 오후 6시까지로 12시간이다. 투표 마감시간을 오후 6시에서 8시나 9시로 연장하면 그동안 투표를 하지 못했던 사람들이 투표할 수 있기 때문에 국민의 참정권을 더 보장할 수 있다는 것이다.

여기에 항상 인용되는 사례가 지난 6월의 한국정치학회 설문조사 결과로 2008년 18대 총선에서 30.5%가 투표에 불참했는데, 그 중 64%가 근무 때문에 투표 참여가 불가능한 비정규직 노동자들이었다는 것이다.

결국 투표시간을 연장하면 비정규직 노동자들의 투표 참여율이 높아진다는 답이 나온다. 따라서 문재인, 안철수 후보가 투표시간 연장을 주장하는 것은 비정규직 노동자들을 자신의 표로 생각하기 때문이겠다.

비정규직 노동자들이 모두 민주당이나 안철수 후보 지지자라는 생각에 동의할 순 없지만, 어쨌건 정황상 그래 보인다. 하지만 문재인, 안철수 후보 측이 투표시간 연장을 전면에 내세우는 것에는 적어도 3가지 흠결이 있다.

첫 번째는 국민의 참정권 보장 주장에 대한 순수성이 없다. 9월 27일 통과된 공직선거법 논의 당시 투표시간 연장에 대한 부분도 있었지만, 재외국민의 참정권 보장을 위해 우편등록을 실현시켜주자는 논의도 있었다.

그런데 우편등록은 민주당의 반대로 관철되지 못했고, 그보다 더 위험해 보이는 '전자우편 등록' 등록은 민주당의 요구로 관철되었다는 것이다. 전자우편등록과 우편등록에 대한 새누리당과 민주당 간의 의견차가 있었음은 물론이다.

재외국민은 투표를 실시하기 위해 재외공관에 재외국민 등록을 해야 하는데, 전에는 직접 공관에 가서 등록을 해야 했다. 그런데 이번 대선에서는 집에서 편하게 이메일로 '등록'을 할 수 있게 되었다.

이를 통해 재외국민의 참정권 확대가 실현되었음은 자명하나 이메일은 되는데, 우편은 안 되는 것이 상식적으로 납득되는가? 재외국민 등록도 방법에 따라 표계산이 가능한데, 이메일로 등록하는 사람과 우편으로 등록하는 사람의 특성을 곰곰이 생각해보면 손익계산서를 뽑기는 어렵지 않다.

결과적으로 민주당이 재외국민 우편등록을 실현시켜 참정권을 보장하는 것은 반대하면서 투표시간 연장으로 참정권을 보장하자고 주장하는 것은 그 순수함을 느끼기 힘든 꼼수라는 것이다.

두 번째는 실현가능성이라는 현실성이다. 투표시간 연장은 공직선거법을 개정해야 가능해진다. 국회 다수당인 새누리당이 반대하면 개정할 수 있는 법은 없다.

반대로 제1야당인 민주당이 반대하는 법을 통과시키는 것도 현실적으로 매우 어렵다. 결국 여야 합의를 도출하기 힘든 쟁점법안을 대선 전에 통과시키기란 불가능하지 않을까?

더욱이 지난주에 국정감사가 끝났으니 아마 다음 주부터는 2013년도 정부예산안 심사가 이어질 것이다. 그리고 12월 19일이면 대통령선거.

1일 단위로 따지자면 야 못할 것도 없긴 하지만 국회와 정치일정상 법안 심사를 위한 날짜를 잡기 어렵다. 또한 투표시간 연장은 이미 한 번 논의했던 것이고, 지금과 같이 이슈가 되면서 여야의 입장차가 있는 법안이 해당 상임위(행안위, 법사위)의 안건으로 잡히기란 더욱 쉽지 않다.

세 번째는 비겁함이다. 투표시간 연장은 9월 27일 본회의에서 공직선거법 개정안이 통과된 이후 시들해졌다가 안철수 후보가 제기해 '뜨거운 감자'가 된 듯하다. 사실, 정략적으로 잘만 활용하면 투표시간 연장 관철시킬 수 있겠다.

국민의 참정권을 보장하는데 새누리당은 왜 반대하느냐는 이슈만 부각시킨다. 전후사정을 잘 모르는 국민들이 보기에는 일면 그럴듯한 이야기이니 새누리당은 수세에 몰린다. 여기까진 시간이 조금 걸릴 것이다.

국내에서는 선거인명부가 12월 10일 확정되지만 12월 10일은 재외국민 투표 마감일이다. 그리고 재외선거인 등록은 지난 10월 20일에 이미 마감되었다. 진실로 국민의 참정권 확대를 원했다면 아무리 늦어도 10월 20일 전에 재외국민 우편등록을 가능하게 하고, 투표시간도 연장시켰어야 했다는 것이다. 이 때문에 비겁함을 느낀다.

투표시간 연장을 위해 그동안 어떤 역할도 하지 않았고 또한 어떤 권한도 없는 무소속의 안철수 후보가 다음 선거도 아니고 당장 이번 선거에서 투표시간 연장을 해야 한다고 주장하기 때문에 비겁함을 느낀다.

갖은 명분으로 국회를 파행시키고, 표계산으로 자신들 불리한 우편등록은 못하게 하고, 유리하다고 생각하는 투표시간 연장은 관철시키려는 민주당의 행태에 비겁함을 느낀다는 것이다.

[2]

◆ 11.06 투표시간 연장 논란 정리 2 (실효성과 정책 중심)

http://bigplanner.blog.me/150152727789

이 글을 쓰면서 여러 글을 참조했는데, 특히 사냥꾼(sisahunter)님의 '투표시간 연장 논란의 1두 가지 진실'을 상당 부분 인용했다.

이 외에도 11월 2일 동아일보, "[팩트 체크] 투표시간 연장 효과…… OECD 주요 16개국 살펴보니", 11월 3일 데일리안, "투표시간 연장하면 진짜 투표율 상승하나?" 등의 기사와 '표 득실 결과에 따른 투표시간 연장 요구, 과연 바람직한가?'라는 필자의 글을 이용했다.

1. 유권자는 투표시간이 연장보다 투표자 우대 제도를 원해

중앙선거관리위원회 조사에 따르면 투표율을 높이기 위한 방안으로 유권자들은 투표시간 연장(6.3%)보다는 투표자 우대제도(39.1%)나 전국 어디서나 투표할 수 있는 통합선거인명부제(17.5%)를 더 많이 지지했다.

2. 우리나라 투표 환경은 상위 수준

우리나라의 대선 투표일은 임시공휴일로 지정되어 있으며 오전 6시부터 오후 6시까지 12시간 동안 투표가 진행된다.

선관위의 OECD 16개국 조사 결과에 따르면, 우리나라와 같이 12시간 투표하는 나라가 3개국, 우리보다 투표시간이 짧은 나라가 8개국, 긴 나라는 5개국이다.

더구나 우리나라는 투표일을 임시 공휴일로 지정했기 때문에 우리의 투표 환경은 세계 최상위 수준이다.

투표시간	국가명
9시간 (1개국)	미국(평일, 주별 상이: 최저 9시간, 최대 15시간)
10시간 (5개국)	프랑스, 독일, 멕시코, 뉴질랜드, 호주
11시간 (2개국)	스페인, 핀란드
12시간 (3개국)	아일랜드(평일, 12시간 이내로 총리가 정함), 스웨덴(12~13시간 이내), 캐나다(평일), 한국
13시간 (2개국)	그리스, 일본
14시간 이상 (3개국)	네덜란드(평일, 14시간 30분), 영국(평일, 15시간), 이탈리아(23시간)

3. 투표시간 연장과 투표율의 상관관계 애매모호

민주당은 평일에 실시해 투표시간을 2시간 연장하는 재보궐 선거의 평균 투표율을 근거로 최소 136만 명이 더 투표할 것이라고 주장한다.

이미 투표시간이 연장된 재보궐선거의 경우 표면적으로는 효과가 있는 것처럼 보이지만, 중앙선거관리위원회는 "투표시간 연장으로 투표율 상승효과를 확신하기 어렵다"는 의견이다.

특히, 지난해 서울시장 보궐선거 투표율(48.6%)의 경우 정치적 관심이 높았기 때문이고, 6~8시 사이의 투표율이 높아진 대신 그 전 6시까지의 투표율은 낮아졌기 때문이라고 한다.

일본의 경우 1998년부터 참의선거, 2000년 중의선거 때부터 투표시간을 연장했지만 효과가 미미했다.

4. 민주당의 참정권 보장은 진실성이 없어

지난 2월 국회를 통과한 통합선거인명부제는 선거일 날 투표를 할 수 없을 경우, 현지에서 어느 투표소라도 가서 투표할 수 있도록 하는 제도로 참정권을 확대할 수 있는 실질적인 방안임에도 민주당이 대선 이후부터 적용하기로 한 것이다.

재외국민 참정권 확대를 위해 자신들에게 유리하다고 판단하는 이메일 등록은 통과시키면서 우편등록에는 반대했다.

5. 투표시간 연장을 정치적으로 이용해서는 안 돼

투표시간 연장을 주장하는 정치세력은 민주통합당과 안철수 후보, 참여연대, 민주노총, 민변 등과 한겨레, 경향신문 등 진보성향의 시민단체와 언론들이다.

이들은 선거를 40여 일 앞두고 실현 불가능한 투표시간 연장을 밀어 붙이면서 투표시간 연장이 목적인지 투표시간 연장을 이유로 선동하는 것이 그 목적인지 불분명하다.

더구나, 이들은 지난해 서울시 무상급식 주민대표에서 '투표거부', '투표 안하기' 운동을 벌였고, 33%의 투표율을 막기 위해 투표거부운 동을 벌였던 이들이 지금에 와서 평균 70%인 대선 투표율이 낮다며 투표시간 연장을 요구하는 것은 이율배반적인 꼼수에 지나지 않다.

6. 투표시간 연장은 신중하게 검토해야

투표시간 연장은 투표율 제고를 위한 여러 방법 중 하나에 불과하다.

의무투표제, 부재자투표대상자 확대, 사전투표제, 투표자 인센티브 제공, 일요일 선거, 무급 휴일을 유급 휴일로 전환, 선거일 휴무 미이행 사업자 제제 강화, 통합선거인명부제 실시 등 여러 가지 방안이 있기 때문이다.

이런 여러 방안 중 우리나라의 현실에 맞는 적절한 방법을 선택하기 위해서는 역시 여러 연구와 조사 그리고 정책 지원이 병행되어야 하므로 신중히 검토해야 할 것이다.

7. 투표시간 연장은 다른 투표율 제고 방안에 비해 비용 과다

중앙선관위는 투표시간 연장을 위해 100억이 소요된다고 밝혔고, 투표시간 연장을 주장하는 측은 31억으로도 충분히 투표시간을 연장할 수 있다고 밝혔다.

그러나 더 중요한 것은 30억이든, 100억이든 지금보다 선거 비용이 더 든다는 것이고, 다른 방법에 비해 더 많은 돈이 필요하다는 것인데, 다른 투표율 제고 방안은 대부분 제도적 차원에서 해결할 수 있는 반면, 투표시간 연장은 인력과 시간 등 직접적인 비용이 추가로 발생하는 차이가 있다.

투표 제도를 이렇게 정치적으로 바꾸면 또다시 필요에 따라 투표 시간을 늘리고, 줄일 것이므로 아무리 작은 제도와 정책이라도 합리 성과 효율성을 따져야 한다.

합리성과 효율성을 무시하고 참정권에만 의미를 둔다면 24시간 동 안, 또는 일주일 동안 투표를 하면 될 것이다.

8. 비정규직을 위해 투표시간을 연장시키는 것보다 임시공휴일을 지키지 않는 사업장에 대한 규제를 강화하는 것이 효과적

현행 공직선거법(제6조: 선거권 행사의 보장) 및 근로기준법(제10 조: 공민권 행사의 보장)은 야권에서 주장하는 비정규직 등 근로자 의 투표권 행사를 보장하고 있다.

비정규직 노동자의 64%가 투표일에 일을 해서 투표를 못했다면 투표시간 연장이 아니라 업무를 시키는 사업장에 대한 제재를 강화 해 참정권을 보장하는 것이 더 실질적인 방안이 될 것이다.

9. 투표일 임시공휴일 지정의 의미 사라져

법적으로 평일(수) 대통령선거를 임시공휴일로 지정해 투표하는 나 라는 한국이 유일하다(필리핀의 경우 법적으로 명문화해놓지 않고 선거 때마다 별도 지정 공고하며, 이스라엘은 총선만 실시함. 나머지 논란이 될 수 있는 국가들은 토요일을 공휴일로 지정한 경우임).

투표시간을 오후 8시나 9시로 연장하는 것은 사실상 정상출근하고 투표하자는 주장과 일맥상통한다.

투표일을 임시공휴일로 지정한 이유는 출근시간 내에 출근하지 말고 투표하라는 것인데, 오후 9시까지 투표시간을 연장하면 여느 사업장이라도 정상근무하고 퇴근 후에 투표하라고 할 것이므로 투표일 임시공휴일 지정이 무의미해지는 것이다.

뿐만 아니라, 투표일에 정상근무 시키는 사업장에 대한 제재보다 투표시간 연장을 강조한다면, 오히려 비정규직의 투표 참여 여건을 더욱 악화시킬 수 있다.

10. 투표율 떨어뜨리는 무관심과 혐오의 원인 제공

투표율 저조의 원인에는 여러 가지가 있겠지만 우리 국민의 정치에 대한 무관심과 혐오가 그 주된 이유가 되어 왔다.

대선을 40여 일 앞두고 대선후보들의 정책 경쟁이 아닌, 투표시간 연장과 같이 매우 정치적이고, 소모적인 정쟁을 벌인다면 국민들의 정치에 대한 무관심과 혐오는 더욱 커질 것이고, 결국 투표율이 떨어지는 결과를 초래할 수 있다.

이쯤에서 소모적인 투표시간 연장 논란을 끝내고, 누가 대한민국의 더 밝은 미래를 만들어 갈 수 있는지를 논의하는 정치가 되길 바란다.

[3]
◈ 11.15 낚시왕 대회로 본 투표시간 연장의 의미
http://bigplanner.blog.me/150151722203

〈 제18대 낚시왕 선발대회 〉

□ 장　　소 : 대한민국 전국 낚시터 동시 개최
□ 일　　시 : 2012년 12월 19일 06:00 ~ 18:00 (12시간)
□ 대상어 : 19cm 이상 붕어
□ 낚시왕 : 대회시간 중 최다 마릿수 1인

□ 대회규정 :
1. 19cm 이상 붕어만 계측한다.
　☞ 대한민국 국민, 19세 이상 유권자
2. 미늘 없는 바늘 · 고운망 뜰채 사용, 집게 사용 금지
　☞ 부정선거운동 금지
3. 대회 시작 전 예선전을 치를 수 있다.
　☞ 예비후보 등록제도
4. 참가비 3만원은 잡은 붕어 수에 따라 차등 지급한다.
　☞ 대선후보 기탁금 3억원, 득표율 15% 이상 시 전액 보조

12월 19일 한국낚시터에 낚시왕 선발대회가 열린다.

대회방식은 오전 6시부터 오후 6시까지 12시간 동안 가장 많은 붕어를 잡는 사람이 낚시왕이 되는 것이다.

대회를 주최한 한국낚시협회는 이 같은 대회 안내장을 전국에 배포했고, 이를 본 전국에 내로라하는 조사들이 속속 한국낚시터로 모여들기 시작한다.

낚시왕 선출대회에 대한 세간의 관심이 뜨거워지고 있는 가운데, 유력한 낚시왕 후보로 예상되던 M조사가 대회시간을 12시간에서 15시간, 그러니까 오전 6시에서 저녁 9시까지로 늘려달라고 요구한다.

유력 낚시왕 후보인 M조사는 "대회시간을 늘리면 그 시간만큼 더 많은 붕어를 잡을 수 있다"고 말하면서 "어차피 붕어를 많이 잡는 사람이 낚시왕이 되는 만큼 조사들이 더 많은 붕어를 잡을 수 있도

록 하는 것이 대회 취지에 맞다"며 강조한다.

한국낚시협회는 유력 낚시왕 후보인 M조사가 대회규정을 바꿔 달라 요구하는 데 난색을 보인다. 이미 대회 안내장이 전국에 배포된 상황에서 경기 룰을 바꿨던 적은 지금까지 한 번도 없었기 때문이다.

엎친 데 덮친 격으로 이번에는 또 다른 유력 낚시왕 후보 A조사가 M조사를 거들며 나선다. 자기도 생각해보니 M조사의 말이 맞다며 대회시간을 연장해달란다.

이를 지켜보던 또 다른 유력 낚시왕 후보인 B조사는 왜 꾼들이 대회 룰을 바꾸니 마니 하냐며 대회 규정문제는 주최 측인 한국낚시협회에서 결정할 문제라고 한다.

사람들은 만약 이번 낚시왕 대회에서 낚시왕이 나온다면 그 사람은 분명 B, M, A 조사 중 한 명일 것으로 확신하고 있는 터여서 대회에 참가하는 조사들은 물론 전에는 낚시대회 규정에 별다른 관심이 없던 사람들도 대회시간 연장에 대한 관심이 높아지는 것이 인지상정이다.

일단 대회규정에 관심을 가지기 시작하니 알아가는 것도 많아져서 이제는 많은 사람들이 다른 낚시대회 규정은 어떻고, 낚시왕 대회 규정은 어떻다 부터 이번 대회의 규정을 어떻게 논의해왔는지도 속속들이 알게 된다.

그 중에서 눈에 띄는 것은 이번 대회를 개최하기 전에도 조사들이 더 많은 붕어를 잡을 수 있도록 대회 규칙을 개정하자는 요구가 있었고, 이에 따라 한국낚시협회는 이번 낚시왕 대회는 일단 현재 대회 규정대로 개최하되, 다음 낚시대회부터는 조사들이 더 많은 붕어를 잡을 수 있도록 주최 측이 정한 포인트에서 낚시하지 않고, 조사들이 각자 알아서 자신이 원하는 포인트에서 낚시할 수 있도록 규정을 바꿨다는 것이다.

사실, 낚시 시간을 조금 연장하는 것보다 자신이 원하는 포인트에서 낚시할 수 있는 것이 더 좋다는 것은 조사들의 상식에 가깝다. 그럼에도 이번 낚시왕 대회에 이 규정이 반영되지 못하고 다음 대회부터 적용하게 된 것은 M조사를 후원하는 한국낚시협회 임원진 때문이었다.

어찌됐건 유력 낚시왕 후보들이 대회시간 연장 문제로 아웅다웅할 때 이를 지켜보는 다른 조사들이나 물속 붕어들에게까지 퍼져나간 소문이 있었으니 그 소문의 진상은 이랬다.

문제의 발단은 M조사인데, M조사는 최근 밤에 잘 무는 미끼를 발견했다. 결국 밤낚시 시간이 길수록 자신에게 유리하다는 결론을 내렸고, 붕어를 많이 잡을 수 있다는 명분을 내세우면 다른 조사들이나 관객들도 호응을 해줄 것이라 판단한 것이다.

여기에 A조사는 자신이 낚시왕이 되기를 원하지만 여의치 않을 경우 B조사보다는 M조사가 그 자리를 차지하는 것이 자신에 유리하다는 계산 때문에 M조사에게 힘을 실어줬다는 것이다.

이런 과정을 물 밑에서 목격하고 있던 어떤 붕어는 "이 놈의 낚시왕 대회가 날 잡기 위한 것인지, 자기들 밥그릇 싸움을 위한 것인지 모르겠다."고 소회를 밝히는가 하면, 어떤 꾼은 "그들이 어떤 상황에서 어떤 기법으로 붕어를 잡아내는지 보고, 배우고 싶었는데, 이건 뭐 동네낚시터 이벤트 경기에서도 보기 힘든 룰 다툼에 허송세월을 보내고 있는 것이 한심하기만 하다"며 울화통을 터트린다.

이슈파이팅 상황과 평가

투표시간을 늘려 더 많은 사람들이 선거에 참여할 수 있도록 하자는 주장은 설득력이 있을 뿐만 아니라 이를 반대하는 사람들을 '당신은 더 많은 사람들이 특히, 노동자들이 투표에 참여하기를 원치 않는가?'라는 식으로 몰아갈 수 있는 논리다.

선거 초반 민주당의 투표시간 연장 요구는 자신들은 국민을 위하고 자신의 주장에 반대하는 사람들은 국민을 위하지 않는다는 공식을 성립시켰고 새누리당은 투표시간 연장 요구에 대해 효과적으로 대응하지 못했다.

문제는 대응 논리인데, 선거를 얼마 남겨두지 않고 선거법을 고치긴 어렵다는 논리는 '한 사람이라도 더 선거에 참여할 수 있도록 하는 것이 정치'라는 논리에 묻혔기 때문이다.

결국 새누리당은 이 문제만 나오면 목소리를 제대로 못 내고 민주당에 끌려가는 모습이 오랜 기간 지속되었다.

투표시간 연장과 관련 위 세 가지 글 중 첫 번째는 민주당이 안 될 것을 알면서도 자신들에게 유리한 선거 구도를 만들기 위해 무리한 주장을 하고 있다는 점을 설명했다.

두 번째 글은 왜 현재 시점에서 투표시간 연장은 불가한지를 여러 근거를 들어 설명했고, 정확한 근거를 들긴 어렵지만 필자가 예로 든 논리들은 인터넷에 공개되어 있었을 뿐만 아니라 국회 일정에 맞춰 제공되어 새누리당에서 시의 적절하게 사용할 수 있었다고 본다.

특히 첫 번째 글을 등록했을 때부터 새누리당이 미약하지만 반박을 하기 시작했다는 점과 두 번째 글을 등록한 이후 투표시간 연장 논의가 본격적으로 이루어져 민주당의 주장은 전에 비해 많이 약해졌다.

세 번째 글은 통상적인 이슈파이팅의 형식을 떠나 대선을 낚시대회에 비유해 정치권의 논란이 진실로 국민을 위한 것이 아닐 뿐만 아니라 국민들은 이런 논란에 대해 지쳐 있다고 풍자했다.

이를 통해 정치권에서 '투표시간 연장'이란 화두를 꺼내는 것이 결코 자신에게 유리하지 않다는 것을 주지시킴으로서 투표시간이란 이슈를 잠재우는 데 어느 정도 역할을 했다고 본다.

안철수 후보의 한계와 극복 방안

◆ 09.19 안철수 후보의 한계와 극복 방안

http://bigplanner.blog.me/150147704623

필자가 이 글을 쓰고 있는 현재 안철수 원장은 대선출마선언을 하고 기자들의 질문에 답을 하고 있다.

많은 사람들이 원했건 원하지 않았건 간에 그의 공식 출마 여부는 이번 선거의 최대 관심사였기에 모든 언론이 이에 집중하고 있는 것이다.

결과적으로 그에 대한 가장 큰 관심사는 역시 '단일화'와 '정치 경험'이라 할 수 있겠다. 높은 지지율을 가진 그의 단일화는 현재의 선거 구도를 바꿀 수 있는 방안이라는 점과 정치 경험이 없는 그가 과연 대통령직을 수행할 수 있겠느냐 에서 출발하는 각종 의문이 세상을 그에게 주목하게 하는 이유다.

이 중에서 '정치 경험'에 관한 부분은 자신도 밝혔듯, 없는 것이 신선할 수 있겠다. 그리고 이에 대한 비판은 모두 양면이 있을 것 같기에 논외로 하고, 단일화와 그의 한계, 극복방안에 대해서만 생각해보련다.

먼저 단일화다. 이제 안 원장에 대해 '간보기'라는 비판은 덜해지겠지만, 정작 단일화에 대해서는 애매모호한 모습을 보여 일정 시간이 지나면 또 '간보기'라는 비판이 일 수 있겠다.

안철수 후보는 단일화를 묻는 기자 질문에 대해 '정치권의 진정한 변화와 혁신', '국민이 받아들일 수 있느냐'는 두 가지 원칙에 따라 결정하겠다는 입장을 밝혔다. 그가 제시한 두 가지 기준은 모두 선언적이고 판단의 근거가 불분명하다.

결국 그가 단일화에 뛰어드는 시점은 12월 19일 전까지 박근혜 후보에 비해 자신이나 문재인 후보의 지지율에 의미 있는 변화가 있을 때나 없을 때일 것이다.

뭔 말인가 하면, 안 후보와 문 후보가 힘을 합치면 박근혜 후보를 이길 수 있다고 판단되는 시기나, 문 후보의 지지율이 안 후보보다 높아 자신의 도전에 큰 의미가 없을 경우가 단일화 시기라는 것이다.

반대로, 안 후보 자신의 지지율이 다른 두 사람에 비해 높을 경우는 끝까지 갈 수 있다는 의미를 내포했다고 본다.

그렇다면, 이것이 과연 아름다운가 하는 문제에 대해서는 조금 다른 생각이다. 그의 말대로 국민의 바람이 아닌 정치 상황에 따라 결정하겠다는 것은 기회주의적 발상이다.

다시 말해 단일화와 관련해 안 후보가 가진 한계는 '간보기'라는 비판에서 느꼈던 것처럼 '기회주의'이고, 이를 효과적으로 극복하는 것은 앞으로 그의 행보가 얼마나 일관성이 있는지, 진정성이 있는지에 달려 있고, 또한 이에 따라 평가받을 것이다.

이제 조금 원초적인 문제로 다뤄 보자. 대선에서 안철수 원장과 같이 좋은 이미지를 가지고 뛰어든 기업인이 있다. 정몽준과 문국현이 바로 그런 경우다. 이들이 대선 초기, 중기, 말기 과정에서 어떤 모습이었는지를 보면 간접적인 전망과 이해를 할 수 있겠다는 생각이다.

안철수 현상, 안철수 돌풍이 어떻게 생겼나를 돌이켜보면 적어도 필자에게는 과거 〈무릎팍도사〉에서 보였던 그의 모습에 대한 환상, 경외심에서 출발한다.

그는 너무 좋은 이미지를 가지고 있다. 성인군자 같다. 그런데 대선후보라는 점에서 볼 때 그는 너무도 알려진 게 없는 사람이다.

때문에 그에 대해서 뭔가 알려졌을 때, 그런데 그것이 그에 대한 기존의 이미지와 상반되는 것일 때 지지율은 하락하게 될 것이고, 이 역시 단일화 시기에 영향을 미칠 것으로 보인다.

다음은 정책이다. 안 후보도 정책 선거를 원했고, 이를 위해 박근혜, 문재인, 안철수 3자 회동을 제안했다. 사람들은 흔히 기존 정치권 또는 현 정치권을 자신의 이익만 탐하는 부류라고 생각하는 경향이 있다.

그런데 이들이 과연 자신들의 기득권만을 주장할까?

설사 그렇다 하더라도 거기에는 분명 명분이 있기 마련이다.

다시 말해 견해의 차이는 있어도 정책이 없는 것은 아니라는 것이다.

때문에 현 정치권을 너무 쉽게 또는 아마추어처럼 안일하게 접근하면 낭패를 보기 십상이라는 것이고, 필자는 안 후보가 바로 이러할까 걱정하는 것이다.

자신의 인기를 기반으로 상대를, 기존 정치를 비판하는 형태의 '안철수의 생각'은 이제 끝났다. 안 후보 자신이 이제 정치권에 그것도 대선이라는 정치 제일 중심에 뛰어들었다.

지금부터는 안 후보 자신의 정치로 자신에 대한 비판에 대응해야 한다. 안철수 후보의 오늘은 어제와 분명 달라졌기 때문이다.

이슈파이팅 상황과 평가

　문재인, 안철수 단일화만 가능하다면 박근혜 후보를 이길 수 있다는 관측이 지배적인 상황에서 안철수 후보가 오랜 기다림 끝에 대선 출마 선언을 했다.

　모두가 문재인, 안철수 후보 단일화는 가능한 것인지 가능하다면 언제 단일화하고, 과연 누구로 단일화 될 것인지에 대한 관심만 있었다.

　이에 필자는 문·안 단일화를 정치공학에 따른 당연한 결과로 보았고, 이런 과정을 '기회주의'로 비판하는 한편, 지난 대선에서 안철수 후보와 비슷한 상황에 있었다가 사라진 후보들을 예로 들면서 안철수 후보가 앞으로 어떤 과정을 겪을지를 전망했다.

　또한 알려진 것이 없는 안철수 후보에 대한 지지율은 변동 가능성이 크다는 점을 지적하고, 그가 정치를 아마추어적으로 접근해서는 곤란을 겪을 것이라 경고했다.

　결과적으로 문재인, 안철수는 단일화를 했고 이 과정이 기대보다 아름답지 못해 정도의 차이가 있겠지만 기회주의로 비판하는 사람들이 많아졌다.

　더욱이 예로 든 정몽준, 문국현과 같이 안철수 후보는 결국 단일 후보가 되지 못했다.

문재인 후보의 한계와 극복 방법

◈ 09.10 문재인, 민주통합당의 한계와 극복 방법

http://bigplanner.blog.me/150146971021

18대 대선 D-day 100일을 앞두고, 언론이 주목하는 인물은 안철수다. 오늘은 안철수의 날이라고 해도 과언이 아닐 만큼, 모두 그의 행보에 주목하고 있는 것이다.

하지만 문제는 대선 경선을 치르고 있는 민주통합당의 문재인이다.

대선 관련 민주당 지지자들의 인식의 저편엔 아마 이런 청사진이 있는 듯하다.

안철수 원장은 '한나라당이 싫어요.' 라고 밝힌 사람이다.

안 원장은 현재 시점에서 새누리당 박근혜 후보와 경쟁을 벌일 수 있는 유일한 후보다. 때문에 우리 당의 대선후보로 만들어서 박근혜 후보와 경쟁하고 싶다.

그런데 안 원장은 민주당에 입당하지 않고 있다.

그의 입당을 관철시키기에는 민주당의 지지율이 너무 낮다. 하지만 조직력은 있다. 따라서 국민들이 볼 때 가장 객관적이고 합리적인 방법으로 안 원장을 영입해야 한다.

민주당의 후보를 먼저 선출한 후 안 원장과 정당한 경쟁을 벌여 단일화한다.

그런데 필자가 추측하는 민주당 지지자들의 인식 속에 대선 지역 경선 10연승에 빛나는 '문재인'은 없는 것 같다. 그야말로 '문재인에 무관심한 것이 첫 번째 문제다.'

협상의 기본은 양자의 '균등한 양보'다. 특히, 정치 협상의 기본은 나의 양보가 상대의 양보보다 크게 보이게 함으로써 상대가 더 많은 양보를 하도록 만드는 것이다. 이런 차원에서 본다면, 현재 민주통합당의 대선 경선은 낙제점이다.

싱겁고, 무질서한 경선을 통해 선출된 후보와 안 원장이 단일화 협상을 벌인다 해도 일반적인 느낌은 안 원장이 더 양보했다는 것일 게다. 실제로는 안 원장이 명의만 빌려주고, 일은 민주당이 모두 처리하는 형식일 텐데도 국민들이 볼 때는 안 원장이 손해 본다는 느낌을 가질 확률이 높다는 것이다.

대선 100일이라는 나름 정치적 의미가 있는 오늘의 뉴스에서 민주통합당 대선 경선과 관련해 계란 세례, 물병 야유, 주먹다짐, 계파갈등, 폭력 충돌, 아수라장 과 같은 단어들을 쉽게 확인할 수 있다는 것이 그 이유다.

사실 이를 통해 말하고자 하는 것은 뻔하다. 민주당은 대선후보 선출을 위한 경선을 아름답게 끝내야 하고, 이를 통해 선출한 후보자에 대해 남다른 관심을 가져야 한다는 것이다.

두 번째는 안철수 원장에 대한 입장 정리다.

필자는 작년 11월, 안철수 돌풍으로 한나라당이 위기의식을 느낄 때 '안철수 돌풍(대세론)이 오히려 (한나라당에) 약(藥)이다.'고 주장했다.

◆ 2011.11.17 안철수 돌풍(대세론)은 (한나라당에) 약(藥)이다
http://bigplanner.blog.me/150124362724

이후 1년 반 정도의 시간이 흐른 현재의 관점에서 볼 때, 여전히 유효한 듯하면서도 조금 모호한 부분이 있다.

그것은 안철수 원장 지지층과 민주통합당 지지층이 중복되는 부분과 그렇지 않은 부분에 따른 것이다. 현재 여러 여론조사 결과 추이를 봤을 때 안철수 원장에 대한 지지율이 민주통합당 또는 문재인 후보에 대한 지지율과 얼마나 결합할 수 있느냐가 관건이라는 것이다.

오늘자 한겨레의 여론조사 결과로 보면, 새누리당 박근혜 후보와

야권 단일후보 간의 대결에 따른 격차 50.1 VS 40.2(9.9%)에 비해 박근혜, 문재인 구도에 따른 격차는 53.3 VS 42.0(11.3%)으로 그렇게 차이가 나 보이지 않는다. 더욱이 박근혜, 안철수 구도에서 격차는 51.3 VS 44.8(6.5%)로 야권 단일후보보다 박빙이다.

의외다. 야권 단일후보와 박근혜 후보와의 양자 대결 구도에 따른 지지율 격차가 '박근혜 VS 안철수' 구도에서의 격차보다 더욱 낮게 나와야 할 텐데, 실제로는 그렇지 않다는 것이다. 지금과 같은 구도에서 필자가 안 원장이라면 야권단일에 그다지 메리트를 느끼지 못한다는 것이다.

오늘의 주제는 안철수 원장이 아니고 문재인, 민주통합당이기 때문에 가능한 그들의 입장을 다뤄보려 하지만 종착역은 안철수로 귀결되는 듯하다. 왜 이럴까?

민주통합당이 자신을 제대로 평가하고 있지 않다는 생각이다. 안 원장에 대한 입장을 정리하기에 앞서, 자신에 대한 평가, 민주통합당 또는 민주통합당의 후보가 국민들에게 어떻게 평가받고 있는지 정확하게 판단할 필요가 있다는 것이다.

그리고 나서야 안철수 원장과 대등한 위치에서 협상을 하든, 부탁을 하든, 독자 노선을 걷든지 뭔가 예상 가능한 미래를 그릴 수 있을 것이다.

이슈파이팅 상황과 평가

민주통합당 대선후보 경선을 통해 문재인 후보가 결정되었지만 대체적인 언론의 시각은 안철수 후보 들러리였다. 그만큼 문재인 후보에 대한 세간의 관심이 없는 것이 가장 큰 문제였던 것이다.

박근혜 후보 측 입장에서 문재인보다 안철수 후보가 더 껄끄러운 상대라는 평가를 인정했을 때, 안철수에 대한 세간의 관심을 문재인으로 돌리는 한편, 안철수 돌풍이 과연 민주당에게 어떤 영향을 미치는지에 대한 의문을 제기할 필요가 있었다.

결과적으로 이를 통해 문-안 단일화 과정에서의 안철수 후보는 물론 민주당 문재인 후보의 입지를 함께 약화시킬 수 있었다.

박근혜 후보의 약점과 극복 방법

◆ 08.31 새누리당 박근혜 후보의 약점과 극복 방법

http://bigplanner.blog.me/150146249969

현재 제18대 대통령선거에 출마하는 공식 후보는 새누리당의 박근혜 후보뿐이다. 민주통합당은 대선후보자 선출을 위한 경선이 진행 중이고, 안철수 원장은 지금까지 확실한 출마선언을 하지 않았기 때문이다.

그럼에도 언론은 '박근혜 VS 안철수', '박근혜 VS 문재인', '박근혜 VS 안철수 VS 문재인'의 구도로 대선 여론조사를 주기적으로 실시·공개하고 있다.

지금까지 대선 여론조사 추이를 보면 박근혜 후보가 1위, 안철수 2위, 문재인 3위라는 순위가 고착화되는 듯이 보이고, 2위와 3위가 단일화 될 것이라 추측이 보편적인 분위기다.

사실, 거창하게 이야기할 필요 없이 박근혜 대세론이 안철수 돌풍으로 주춤하다 최근 들어 다시 굳히기에 들어간 것으로 보인다고 말해도 큰 반발은 없을 것이다.

이제 12월 19일 대통령선거일까지 110일이 남은 상황에서 각 대선 캠프 진영에서 가장 걱정하는 것은 무엇인지, 어떻게 대처·극복하는 것이 효과적일지에 대한 생각을 정리해보련다.

먼저, 새누리당의 박근혜 후보. 2년 전 박근혜 대세론은 독이라며, 결과가 뻔한 재미없는 승부를 경계했던 필자의 걱정은 안철수 돌풍으로 어느 정도 덜 수 있었다.

◆ 2012.08.20 박근혜 후보에게 바란다
http://bigplanner.blog.me/150145381322

◆ 2012.02.07 박근혜 비대위원장, 원칙을 지키면서 통 큰 포용력 보여주길
http://bigplanner.blog.me/150131019563

◆ 2011.11.17 안철수 돌풍(대세론)은 (한나라당에) 약(藥)이다
http://bigplanner.blog.me/150124362724

◆ 2011.07.07 박근혜 대세론은 독(毒)이다
http://bigplanner.blog.me/150113092005

어찌됐건 지난 20일 박근혜 전 새누리당 비상대책위원장이 새누리당의 제18대 대통령선거 후보자로 공식 선출되었고, 새누리당의 대통령후보로서 '모두 끌어안고 가겠다.'고 밝힌 이후 박근혜 후보가 보여

준 '국민 대통합'의 행보에 대한 평가는 고무적이라고 할 수 있겠다.

새누리당 대통령후보자로서의 첫날 현충원을 찾고, 봉화마을 찾아 권양숙 여사와 면담을 가졌고, 이후 김영삼 전 대통령과 이희호 여사를 예방하는가 하면, 전태일재단을 방문하고 청계천 동상에 헌화를 시도하는 등의 모습은 '쇼'라는 비판에 앞서 '지금까지 대선후보 중 과연 누가 이 같은 모습을 보였는가?'라는 점에서 의미가 있다는 것이다.

아직 상대후보가 결정되지도 않은 상황에서 박근혜 후보는 '국민 대통합'이란 이슈를 선점했을 뿐만 아니라 9월 16일 민주당 경선이 끝나기 전까지 여러 사회 문제들에 대해서도 먼저 의견을 표명하는 등의 활동을 통해 이슈를 선점할 수 있다는 점에서 박근혜 후보의 지지율이 의미 있게 떨어질 가능성은 매우 낮아 보인다.

또한 민주당의 대선후보가 결정된 이후에도 박근혜 후보는 이미 이슈를 선점했기 때문에 각각의 논의들에 대해 주도적인 역할을 할 수 있을 것이고, 이런 상황은 '박근혜 대세론'을 더욱 굳히게 만들 것이다.

하지만 대선은 아직 110일이 남았다. 결론을 내리기엔 이르다는 것이다.

야권의 대선후보가 정해지고 1:1의 구도가 확립된 이후 박근혜 후보 측이 가장 신경 쓸 부분은 무엇일까? 아마도 네거티브일 텐데……. 박근혜 후보 측은 당연히 네거티브에 대한 준비를 철저하게 하고 있을 것이다.

그럼에도 걱정되는 것은 바로 네거티브의 강도와 시기다.

뭔가 터진다. 소문이 확산되는 데는 하루면 충분하다. 그런데 소문이 터무니없다는 것을 증명하는 데는 얼마나 걸릴지 모른다. 적극적인 대처를 한다 하더라도 선거일 2~3일 전이라면 어떨까? 선거일 보름 정도를 앞두고 하루에 2~3개씩 매일 터트린다면 어떨까?

언론의 습성상 또는 인간의 습성은 좋은 것보다 안 좋은 것에 더 관심을 가진다는 점에서 그리고 2위보다는 1위에 더 관심을 가진다는 점에서 네거티브의 결과적인 피해자는 당시의 1위 후보자가 될 확률이 높기에 박근혜 후보가 가장 걱정할 부분이 바로 네거티브라는 것이다.

더욱이 인터넷실명제까지 위헌으로 판결난 마당에 인터넷을 통한 네거티브는 불 보듯 뻔하게 다가온다. 그래서 드는 생각은 이렇다.

1. 예상되는 네거티브를 공개하고, 이에 대한 입장을 미리 밝혀둔다.
2. 의혹의 출처가 명확하지 않고, 확실한 근거가 없을 경우 대응하지 않겠다는 의지를 미리 밝힌다.
3. 선거를 2~3일 앞두고 제기되는 과거 관련 의혹제기는 선거의 도리도 아니고, 대응할 필요도 없다는 인식을 확산시킨다.
4. 선거 범죄에 대한 처벌을 차등화 해, 대선의 경우 기존보다 10배 이상 강하게 처벌하는 선거법 개정을 11월 전까지 완료해 시행한다.
5. 정책 선거를 유도한다.

1~2번의 경우 불필요한 오해를 살 수 있으므로 그 시기에 대한 정치적 판단이 선행되어야 할 것이나, 3~5번의 경우에는 야당이나 상대 후보 측에서 반대할 명분이 약하기 때문에 적극 추진해볼만 하겠다.

이슈파이팅 상황과 평가

박근혜 대세론이 흔들리다 다시 굳어지는 시기, 대선 완주를 위해 정확한 판세 분석과 함께 새누리당의 자만을 차단할 필요가 있었다.

필자의 주장에 믿음을 주기 위해 지금까지의 예측이 틀리지 않았고, 이 같은 상황이 정작 대선 결과 차원에서는 그렇게 좋은 상황이 아니라는 점을 강조하며 새누리당 박근혜 후보 측의 자만과 변수를 경계해야할 필요성을 제기했다.

아마 박근혜 후보 측이 문-안 단일화를 당연한 결과로 보지 않고, 어떻게 될지 모르는 혹은 안 될 수도 있는 변수로 보았다면 이후 선거구도는 달라졌을 것이다.

다행히도 새누리당 박근혜 후보 측은 정책 선거를 선점하며 비교적 자중하면서도 자신감 있는 선거운동을 지속할 수 있었다고 본다.

◆◆◆

19대 총선 이슈파이팅
ISSUE FIGHTER

19대 총선 이슈파이팅

제19대 국회의원 총선거 과정에서 필자는 국회의부의장까지 역임한 새누리당 중진의원의 보좌진에서 무소속 의원의 보좌진이 되는 특수한 상황에 놓였다.

다시 말해 모시던 의원이 공천을 받지 못해 탈당한 후 무소속으로 출마한 것이다.

이런 상황에 놓인 국회의원의 보좌진은 어떤 모습을 보일까?

필자의 경우를 보면, 새누리당에 대한 애정은 여전하지만 모시는 의원은 탈당한 무소속 후보이기 때문에 다른 지역에서는 새누리당이 승리하더라도 이 지역만큼은 내가 모시는 후보가 당선돼야 한다는 이율배반적인 모습을 보였다.

당장의 생계는 논외로 하더라도 수년을 모시던 의원과의 관계를 탈당했다고, 당선 가능성이 낮다고 저버리는 것은 도리가 아닐 뿐만 아니라 이유를 막론하고 필자의 직속상관은 새누리당이 아닌 무소속 후보였기 때문이다.

덕분에 필자는 19대 총선 과정에서 새누리당을 응원하면서도 공천의 부당함을 호소하고, 당이 아닌 '보수', '여권'이란 단어에 더 주목하는 변종이 되었다.

선거 과정에서의 조직 내의 이런 저런 변화 그리고 결과까지 대부분을 정확하게 예측했지만 불나방이 될 수밖에 없었던 19대 총선, 이런저런 이유를 더해 개인적인 아쉬움이 너무도 큰 19대 총선이었지만 정치권에서도 흔히 겪기 힘든 소중한 경험을 했다고 생각한다.

옆길로 새는 느낌이지만 이후 이슈파이팅 사례들은 필자의 이런 상황을 인지했을 때 훨씬 이해하기 편한 것이기에 넋두리를 덧붙였다.

앞서 18대 대선 이슈파이팅에 비해 필자의 19대 총선 이슈파이팅은 개인적인 사정이 더해져 훨씬 복잡해졌다는 것을 이해하고 읽어주시길 바라는 마음이다.

공천을 받자

[1]

◆ 02.06 정당 공천의 정석

http://bigplanner.blog.me/150130779865

낚시꾼이 다른 꾼들에게 인정받기 위해서는 어떻게 해야 할까? 고기를 잘 잡으면 된다. 그렇다고 고기만 잘 잡으면 될까? 그물로 잡을 수도 있다. 때문에 최소한 자신과 같은 방법으로 낚시를 하면서 더 잘 잡는 꾼이 인정받는다. 여기서 정당 공천의 원리를 찾아볼 수 있겠다.

그런데 같은 낚시기법을 쓴다고 할지라도 꾼마다 나름의 특색을 가지고 있다. 물론 사용하는 장비도 다르겠지만 같은 장비를 주어도 꾼 나름대로 자신에 맞는 채비를 사용하는 것이다.

A낚시터와 B낚시터 단골끼리 대표를 선발해 1등을 가리는 대회를

개최한다. 대회 기준은 '25cm 이상 붕어 마릿수'다.

A낚시터나 B낚시터나 다양한 꾼들이 있다. 항상 많은 마릿수를 자랑하는 조사가 있는가 하면, 항상 월척을 낚아내는 조사가 있다.

월척을 많이 낚아내는 조사가 있다면 제일 좋겠지만 그런 조사가 있다면 전국대회에 나가지, 동네 낚시터 대결에는 나서지 않을 것이다. 당신이 낚시터 대표를 뽑는 결정권을 가졌다면 누구를 선택할 것인가?

선거 때가 되면 항상 공천 문제로 시끄럽다. 특히, 국회의원을 뽑는 총선 때가 가장 심하다.

공천 대상이 훨씬 많은 지방선거의 경우 일반적으로 기초단체장이나 광역의원의 경우 해당 시도당과 국회의원(당협위원장)의 영향력이 절대적이고, 광역단체장의 경우에는 중앙당에서 결정한다.

하지만 국회의원 후보 공천의 경우 공천을 결정하는 곳은 중앙당이고, 중앙당을 구성하고 있는 절대 인원이 국회의원 또는 국회의원 후보들이기 때문에 지방선거보다 국회의원 선거에서 공천 문제가 더 큰 이슈가 되는 것이다.

생각해보면, 공천이란 그렇게 어렵지 않다. 정당의 구성원 중에 국민의 선택을 받을 수 있는 사람에게 공천을 주면 된다. 다시 말해, '될 사람'에게 주면 되는 것이다. 그런데 각종 매체를 통해 확인하는 공천 관련 뉴스들은 뭔가 복잡하다. 왜 그럴까?

그것은 정당이 공직후보 추천을 하는 데 정당 지도부의 '의도'가 개입되기 때문이다. 이것은 전통적인 '전략공천'의 의미에서 쉽게 확인할 수 있다. 전략공천이란 지금까지 소위 정당의 '텃밭'이라고 불리는 곳에 현역 의원이 아닌 다른 사람에게 공천을 주는 것이다.

이렇게 함으로써 현역 의원에 대한 견제를 할 수 있고, 정당 지도부가 원하는 방향으로 현역 의원에게 영향력을 행사할 수 있는 것이다.

물론 필자가 예로 든 것은 아주 단편적인 사례다.

지도부의 '의도'가 복잡하면 공천이 복잡해진다. 복잡해지는 만큼, 공천권자가 필요로 하는 것은 '명분'이다. 어떤 지역에는 '신선한 바람'을 또 다른 어떤 지역에는 '경험'을 강조한다. 코걸이, 귀걸이처럼 보일 수 있겠지만 일반적으로 통할 수 있는 명분만 있다면 공천권자는 공천과정에서 자신의 '의도'를 충분히 담아낼 수 있다.

물론 공천권자가 명분 찾기에 주력할 수 있는 것은 그 만큼 힘(인기)이 있기 때문이다. 만약 아무도 알아주지 않는 정당이라면 후보자가 되겠다는 나서는 사람이 없으니 공천권을 행사할 여지도 없다.

지금까지 정당과 낚시터 내부의 사정만을 고려했다면 이제 좀 범위를 넓혀보자.

이제 대한민국에서 특정 지역이 ○○당의 텃밭이라는 말이 조금은 어색해지는 듯하다. 앞서 다뤘던 선거철의 분위기도 고려해보자.

지금은 "나는 의원이고, 너는 국민이야"가 아닌 "나는 유권자고, 너는 후보야"가 힘을 받는 때다. 그래서 공천권자의 '의도'에 유권자의 '의도'를 더할 수 있을 것 같다.

참고로 필자의 '의도'는 돈이나 배경, 권력만 쫓지 않는 사람, 말 뿐이 아니라 실제로 국민을 위해 무언가를 해낼 수 있는 사람에게 공천을 주었으면 하는 것이다. 이렇게만 해준다면 즐거운 마음으로 투표를 할 수 있을 것 같다.

[2]

◆ 03.07 한나라당 부활과 새누리당 공천에 대한 평가와 전망

http://bigplanner.blog.me/150133509519

지난 5일 '영남신당 자유평화당(이하 영남신당)'이 선관위에 당명 변경을 등록해 법적으로 '한나라당'이 됐다. 이 기사가 나오기 전까지 '한나라당'의 부활을 생각했던 나는 오늘까지 아쉬움이 남아 이런 글을 남긴다.

새누리당 2차 공천 발표, 현실이 된 '친이계 몰락'

지난 5일은 새누리당의 2차 공천 발표가 있던 날이다. 새누리당의 2차 공천 발표는 '친이계 학살'이란 표현이 나올 만큼 많은 친이계 현역 의원들이 공천을 받지 못했다. 이후 반응들을 보면, 해당 지역구 새누리당 공천자보다 자신의 경쟁력이 더 높음에도 공천은 물론이고, 경선의 기회도 얻지 못했다는 것이다.

이들의 생각이 이러하니 새누리당의 지도부에 대한 불만은 증폭될 수밖에 없고, 어떻게 하면 다시 국회에 입성할 수 있느냐를 고민할 수밖에 없다. 여기서 먼저 짚고 넘어가야할 것은 '경선'이다.

공천 불복의 해법 '경선'을 버린 이유

공직선거법 제57조의2(당내경선의 실시)

②정당이 당내경선[당내경선의 후보자로 등재된 자(이하 "경선후보자"

라 한다)를 대상으로 정당의 당헌·당규 또는 경선후보자간의 서면합의에 따라 실시한 당내경선을 대체하는 여론조사를 포함한다]을 실시하는 경우 경선후보자로서 당해 정당의 후보자로 선출되지 아니한 자는 당해 선거의 같은 선거구에서는 후보자로 등록될 수 없다. 다만, 후보자로 선출된 자가 사퇴·사망·피선거권 상실 또는 당적의 이탈·변경 등으로 그 자격을 상실한 때에는 그러하지 아니하다.

경선을 하면 패배자는 이번 선거에 출마할 수 없다. 따라서 새누리당의 2차 공천 발표 이후 반발이 심한 지역구는 모두 '경선'으로 해결될 수 있겠다. 경선을 통해 후보자를 결정했다면 최소한 경쟁력 논란은 해소할 수 있고, 낙천자가 타당이나 무소속으로 출마하는 것을 방지할 수 있어 '표의 분산'도 막을 수 있기 때문이다.

이런 이유 때문에 경쟁력 논란이 있는 지역을 경선하지 않은 것을 두고 지도부의 '의도'가 반영되었다고 보는 것이고, 여기서 충돌이 발생하는 것은 어찌 보면 당연한 결과다.

낙천자들이 살아날 방법은?

우선 낙천자들의 살 길부터 짐작해본다. 경쟁력이 있다면 무소속이나 타당 후보로 출마가 가능하다. 그런데 이는 좀 흔한 시나리오다. 그래서 생각해본 것이 '창당'이다.

낙천된 현역 의원들을 규합해 '한나라당'을 창당하면서 한나라당의 명맥을 이어간다고 한다면 '영남신당'보다는 인기를 얻을 수 있었을 것이고, 지역구는 몰라도 비례대표 몇 석은 충분히 가능할거라고 생각했다.

하지만 이제는 쓸모없는 시나리오다.

그리고 보니 '이거다'하는 시나리오가 없다.

그래서 정치는 냉혹하다고 하는가 보다.

새누리당, 공천 불복 어떻게 돌파하나?

이제 지도부의 명분을 짐작해본다. 경선으로 쉽게 논쟁을 피할 수 있다 해도 지도부가 생각하는 사람의 경쟁력이 떨어진다면 경선할 수 없다. 때문에 약간의 위험부담을 안고서도 공천자를 확정한다. 상대의 공격은 여기서 출발할 것이다.

민주통합당이 공천 과정에서 현역 의원 교체율이 낮아 쇄신 의지가 없다는 비판을 받았다. 새누리당은 이미 현역 25% 컷 오프를 비롯해 쇄신의 의지를 밝혔다. 때문에 현역 교체율을 높여야 하는 의무가 있고, 그것을 이번 공천으로 실현해 보였다.

사실, 그렇게 긴말이 필요하지 않다. 이 외에 개별 지역구의 공천 문제는 크게 주목받지 못할 것이다. 친이, 친박 간 갈등은 이미 충분히 알고 있기 때문이다.

중요한 것은 국민의 선택이다

그런데…… 정작 중요한 것은 국민들이 어떻게 받아들이느냐다.

당초 새누리당을 지지하던 국민이 이런 과정을 겪은 이후 계속 새누리당을 지지하느냐.

새누리당에 지지하지 않던 국민이 이후 새누리당을 지지하느냐.

새누리당에 무관심하던 국민이 이후 새누리당을 지지하느냐.

그 결과는 4월 11일에나 확인할 수 있겠다.

[3]

◆ 03.10 공천에 거꾸로 반영된 새누리당 소통랭킹(트위터, SNS 역량지수 공천 반영 결과, 현역 의원 공천 비율)

http://bigplanner.blog.me/150133684113

제18대 국회의원 중 새누리당의 지역구 의석수는 149석이다.

3월 9일 현재, 149곳의 지역구 중 공천이 결정된 선거구는 모두 95곳(63.7%)이다. 95개의 선거구중 68개 선거구는 현역 의원이 공천(71.6%)을 받았고, 나머지 27개 선거구는 다른 사람이 공천(28.4%)을 받았다.

이 같은 통계도 아직 언론이 다루지 않아 뉴스거리가 되겠지만, 필자가 다루고 싶은 것은 새누리당이 공천 과정에서 강조했던 '소통'이다.

지난 1월 11일 조현정 비대위원이 '트위터 지수'를 공천에 반영하겠다고 밝힌 이후 소위 'SNS 역량지수'를 계산하고 순위를 매기는 것에 대한 논란이 있었다.

참고 SNS역량지수

http://bigplanner.blog.me/150129037049

이후 이준석 비대위원이 좀 더 복잡한 계산법을 제시해 좀 잠잠해
졌었는데, 새누리당으로 당명을 개정하고, 새누리당의 홈페이지가 만
들어지면서 새누리당의 홈페이지에 소통랭킹이 게시되기 시작했다.
　새누리당의 소통랭킹이 실제 공천에 얼마나 영향을 미쳤는지 궁금
하다. 그래서 한 번 따져보았다.

새누리당 소통랭킹

http://www.saenuriparty.kr/web/talk/talkComuityRank.do

새누리당 홈페이지의 소통랭킹 중에서 불출마 선언을 한 현역의원을 제외하고, 현 비례대표 의원을 제외한 지역구 의원의 소통랭킹은 이렇다.

앞에서 1위 홍준표, 2위 이재오, 3위 정몽준, 4위 정두언, 5위 진성호(낙천), 6위 남경필, 7위 전여옥(낙천, 탈당), 8위 이윤성(낙천, 탈당), 9위 윤석용(낙천), 10위 김세연(비대위원)

뒤에서 1위 이경재(낙천), 2위 박준선(미정), 3위 유재중(경선), 4위 성윤환(미정), 5위 장광근(경선), 6위 이정선, 7위 황진하, 8위 이명규(전략), 9위 김학용, 10위 강길부

소통랭킹 상위 10명 중 3명이 공천을 받지 못하였으므로 낙천율이 30%로 새누리당이 제시한 컷오프 25%보다 높다.

소통랭킹 하위 10명중 1명이 공천을 받지 못하였으니 낙천율이 10%로 새누리당이 제시한 컷오프 25%보다 낮다.

여기서 누가 그럴지 모르겠다.

미정, 경선, 전략 지역을 어떻게 봐야 하나?

미정은 정해지지 않은 상태이니 통계에서 빼는 것이 옳을지 모르겠다. 하지만 경선과 전략은 포함시켜야 맞을 것 같다. 형식·절차상 25% 컷오프 이후 경선지역과 전략지역을 선정하기 때문이다.

여기까지 써보니 결론이 뻔한 것 같다.

새누리당이여, '소통'하라.

2012년 2월과 3월은 4월 11일 총선에 출마할 정당의 공천이 본격적으로 논의·확정되는 시기였다.

박근혜 비상대책위원장이 새누리당을 이끌어가는 상황에서 필자는 친이계 4선 중진의원에다 나이도 많은 이윤성 의원의 보좌진이었기 때문에 이윤성 의원이 공천을 받을 수 있도록 최선을 다해야 했다.

첫 번째 글 '정당 공천의 정석'을 통해 정당의 공천 과정을 낚시에 비유해 시뮬레이션을 해보임으로써 일반인의 이해를 높이는 한편, 전략공천의 문제, 공천 과정에서의 권력 관계 등을 지적하며 의도가 담긴 공천을 경계하면서 '능력 있는 사람'에게 공천을 주어야 한다는 주장을 했다.

두 번째 글을 통해서는 새누리당의 공천에서 친이계가 몰락한 데 대한 절차적 문제점 다시 말해, '경선'을 실시하지 않은 데 대한 문제를 지적함으로써 낙천자들의 제기할 수 있는 명분을 부여했다.

세 번째 글에서는 새누리당 공천 과정에서 일반에 알려진 것과 달리 소통 노력을 했던 의원들은 낙천하고 그렇지 않았던 의원들은 공천을 받았다는 것을 자료를 들어 증명해 새누리당의 공천이 알려진 것과는 차이가 있다는 점을 강조했다.

이 세 개의 글을 묶어보면 공천 전에는 전략공천보다 능력을 존중하는 공천을, 공천이 이뤄지고 있는 상황에서는 더 경쟁력 있는 친이계 현역 의원이 살아남을 수 있는 방법인 '경선'을 실시해야 한다는 주장을, 공천이 끝나고 나서는 알려진 것과는 달리 일부 공천은 잘못되었다는 주장을 한 것이다.

일개 정치블로거의 이런 글들이 공천 책임자에게 그대로 전달되었을 리 없겠지만, 이런 과정을 통해 탈당 후 무소속으로 출마한 이윤성 의원에 대한 대중의 이해는 어느 정도 높일 수 있었을 것이다.

공약은 무기다

[1]

◆ 01.09 복지 논쟁의 한계와 극복 방향

http://bigplanner.blog.me/150128561298

[낚시&정치] 수족관 붕어로 본 복지의 한계

보편적 복지, 선택적(선별적) 복지 논쟁의 한계,

복지 능력에 대한 정확한 판단이 먼저다

복지란 좋은 것이다. 복지는 최악의 조건에서도 인간다운 삶을 영위할 수 있는 국가라는 공동체 구성원간의 약속이자 보험이다. 그래서 복지수준이 높을수록 그 나라 국민은 복지수준이 낮은 나라의 국민보다 인간다운 삶을 살고 있다고 할 수 있겠다.

하지만 복지는 마약과 같은 면이 있어서 시간이 지날수록 더 많은 복지 혜택을 줘야 만족도가 올라간다. 또한 기존에 누리고 있던 복지가 중단되면 극심하게 반발하는 금단현상을 보이기도 한다. 최근 유럽의 이탈리아나 그리스, 과거 아르헨티나 등에서 이런 모습을 확인할 수 있다.

수족관의 붕어는 내일을 걱정하지 않아도 된다. 배가 고플 때면 주인이 먹이를 줄 것이고, 산소가 부족하면 산소발생기가 작동한다. 물이 혼탁해지면 역시 주인이 물을 갈아준다.

반면 수족관 붕어는 좁은 수족관에서 갇혀 살기 때문에 더 넓은 세상을 보지 못하고, 주인의 관심이 줄어들면 금세 죽어나간다.

먹고 먹히는 약육강식의 자연에서 붕어들은 자신의 몸집이 어느 정도 커지기 전까진 항상 위험에 노출돼 있다. 황소개구리도 조심해야 하고, 배스 같이 입 큰 육식성 물고기들도 조심해야 한다.

재수가 없으면 오염된 곳에 잘못 갔다가 호흡곤란으로 생을 마감할 수도 있기 때문에 항상 조심, 조심해야 한다. 그렇다고 모든 붕어들을 수족관에서 키울 수 없다. 모든 붕어들을 수조관에서 키우기 위해서는 자연을 수족관으로 만들어야 하기 때문이다.

결국 인간이 나선다. 알에서 물고기를 부화시켜 치어로 키운 다음 방류해 인간이 기억하고 있는 물고기 종류별 개체수를 유지시켜주기도 한다.

아마, 현재 우리가 듣고 느끼는 '보편적 복지', '선택적 복지'라는 복지의 구분도 이렇게 시작되었을 것이다. 그렇다면 이 둘의 차이를 어떻게 극복할 수 있을까?

여러 사람이 서로 영향을 받는 상황에서 모든 이득의 총합이 항상 똑같은 상태를 게임이나 경제이론에서 '제로섬(zero sum)'이라고 한다. 제로섬이라는 패러다임으로 사회를 보면, 모든 것이 부정적이다.

열심히 일해 돈을 벌어도, 그 돈은 누군가가 손해를 본 것이기 때문에 공격받을 수 있다.

누군가의 복지 수준을 높인다는 것은 다른 누군가의 복지 수준을 낮추게 되는 상황. 복지는 이렇게 제로섬의 논리로 공격받는 경우가 많다.

하지만 제로섬으로 세상을 보는 것은 잘못된 것이다.

인류의 발전과정이 이를 증명해준다. 인간은 무에서 유를 창조해왔다. 작년 한국을 들썩이게 만들었던 자유무역협정(FTA)도 제로섬을 부정하는 데서 출발한다.

이제 좀 생산적으로, 발전적으로 생각해보자. 선택적 복지가 확대되면 보편적 복지가 된다. 그렇다고, 보편적 복지를 앞뒤 생각하지 않고 늘린다면 사회를 구성하는 다른 무엇인가가 그만큼 줄어들게 될 것이다.

앞서 제로섬을 부정하긴 했지만 그렇다고 완전히 배제할 수는 없다. 때문에 제로섬을 극복할 수 있는 방법인 '無에서 有를 창조'해 우리가 가진 파이를 키워야 한다. 다시 말해, 발전을 해야 한다는 것이다.

수족관 주인이 수족관을 더 크게 만들고, 더 많은 붕어들에게 더 많은 먹이를 주기 위해서는 더 많은 돈을 벌어야 한다. 수족관 주인이 잘 돼야 붕어들의 생존 환경도 좋아진다.

이렇게 쉬운 문제를 두고 우리 사회는 왜 이렇게 홍역을 앓고 있는가?

아마 수족관 주인이 벌어들인 수익에 비례해 수족관 환경을 그만큼 개선시키지 않았기 때문일 것이다.

수족관 주인은 사실 번 돈도 없는데, 수족관에서 자란 붕어들의 덩치가 커지면서 밥도 많이 먹고, 산소도 모자라게 된 이유는 없을까?

이런 유치한 말싸움을 우리나라의 진보와 보수, 보수와 진보 정치권이 확대하고, 재생산하고 있다.

이보다 큰 문제는 붕어들이 수족관의 경제 상황이 어떻고, 이 정도에 경제 상황이면 현재의 나는 어느 정도의 삶을 영위해야 한다는 판단을 할 수 없다는 것이다.

이보다 더 큰 문제는 수족관 주인이 병든 붕어에게 먼저 사료를 먹어야 하나, 괜한 분란 만들지 말고 그냥 수조관에 사료를 골고루 다 뿌려야 하나를 두고 결정도 못 내릴 뿐만 아니라 자신이 가진 사료의 양도 정확하게 모른다는 것이다.

[2]
◈ 01.30 꾼의 약속과 정치인의 공약
http://bigplanner.blog.me/150130285485

아마 꾼은 생활 속에서 자신에게나 타인에게 약속을 가장 많이 하는 사람 중에 하나일 게다. 그중에서도 집안의 가장인 꾼은 더 많은 약속을 한다.

"낚시 갔다올게~"

"언제까지?"

"5시 전에 올께요~"

"지금 몇 시야? 5시까지 온다더니"

"미안, 고기가 너무 잘 잡혀서 그만두기가 힘들었어."

뭐 이정도면 꾼의 세계에서는 '일상다반사'다.

심지어 낚시를 가서도 스스로에게 얼마나 많은 다짐이나 약속을 하는지 모른다. '딱 ○시까지만 하는 거야', '딱 한 마리만 더 잡자', '오늘은 생미끼만 써보자', '오늘은 꼭 월척을 잡는다' 등등.

필자 역시 예외는 아니다. 그래서 가끔은 낚시를 하면서 '그냥 낚시만 하자'고 다짐하는 것이 스스로에 대한 약속을 가장 잘 지키는 방법이 되기도 한다. 그러나 어떤 때는 스스로에 대한 다짐과 약속을 지키다가 주위, 타인에 대한 약속을 어기게 되는 경우도 발생한다.

선거철이다. 출마자, 후보자들은 저마다 당선되면 어떻게 하겠다는 '공약'을 내놓는다. 그들의 공약만 놓고 보면 다들 대통령 정도는 되는 것 같고, 어떨 때는 신이라도 되는 것 같다.

그래서 18대 총선 즈음부터 메니페스토(공약 실천) 운동이 생겼지만 여전한 것 같다.

대통령의 공약이 지방자치단체장의 공약, 시의원, 구의원들의 공약도 된다. 정당의 공약이 정당 소속 후보자들 모두의 공약이 된다.

선거 때만 되면 유권자들은 정치인의 공약을 100% 믿지는 않지만 기대는 한다. 꾼의 아내가 '오늘은 약속을 지키겠지'하고 믿는 마음이다.

이럴 수 있는 것은, 이럴 수밖에 없는 것은 꾼의 약속이나 정치인의 공약이 100% 지켜지는 것도 아니지만 100% 지켜지지 않는 것도 아니기 때문이다.

(어릴 적부터 산수에 약하고 수학에 능했던 필자가 계산을 해보면…… 넓고도 얕은 경험으로 채득한 지식으로 산출해보면…… 대략 정치인의 공약 25% 정도는 믿을 수 있지 않을까?)

꾼이 오늘은 기필코 5시까지 집에 들어가겠다는 다짐을 해도, 짐을 싸고 있는데 대물이 물어 한판 씨름을 벌여 흥분된 가슴을 진정시키는 데 걸리는 시간, 정체불명의 고기가 낚시대를 끌고 가버린 후 낚시대를 찾는 데 걸리는 시간, 집으로 돌아가는 길에 갑자기 차가 막혀서 어쩔 수 없이 약속을 못 지키는 경우가 있다.

정치인의 공약 역시 마찬가지다. 뭔가를 진실로 하고 싶어도 구의원, 시의원, 국회의원으로서, 시장, 도지사, 대통령으로서 할 수 있는 역할의 한계가 있다.

필자는 낚시꾼이다. 그리고 유권자다.

꾼으로서 1차 목표는 낚시를 가는 것이다. 그래서 아내에게

"내일 하루만 낚시를 갈게. 이제 바빠서 갈 시간도 없어. 손맛만 보고 얼른 올게. 대신 일요일에는 내가 하루 종일 애를 볼 테니까 당신 하고 싶은 거 해요……."

유권자로서 1차 목표는 나의 생활환경이 개선되는 것이다.

"당신 찍어주면 뭐 해줄 건데? 당신 말을 어떻게 믿나? 그럴 능력은 있나? 당신이 뭘 하던지 관심 없어. 옆에 당신한테는 관심이 있는데 좀 제대로 해줄 수 없나?"

필자는 가정에서 '을'이 되지만, 사회에서는 '갑'인 것이다. 하지만 필자가 낚시를 다녀온 후나 선거가 끝난 후에는 가정에서나 사회에서 '갑'과 '을'의 위치가 바뀐다.

그래서 좀 싱겁지만 중요한 결론을 내고 싶다.

'약속과 공약을 잘 지키자.'

꾼이 약속을 잘 지킬수록 자주 그리고 쉽게 낚시를 갈 수 있다.

정치인이 공약을 잘 지킬수록 재선, 3선 할 수 있는 확률이 높아진다.

[3]
◆ 04.03 이기적인 유권자의 선택이 세대 간 갈등을 유발한다

http://bigplanner.blog.me/150135586042

무상복지 찬성 64.4%, 복지 예산 내가 부담하긴 싫어 95%

지난 2일 현대경제연구원은 ·복지의식의 이중성과 눔프 현상·이라는 보고서를 통해 국민들은 복지 정책에 대해 '더 강화해야 하지만 재원은 내가 부담하기 싫다'는 이중적인 의식을 갖고 있다는 연구 결과를 발표했다.

전화 설문조사 결과 정치권의 무상복지 공약에 대해 찬성한다는 의견(64.4%)이 압도적으로 높았지만, 재원 조달 방안으로는 응답자 개인의 부담으로 직접 연결되지 않는 방안을 선택한 사람이 대부분

(95%, 부자증세 39.2%, 탈세 예방 37.5%, 정부 예산 절감 18.7%)이었
다는 것이다.

또한 응답자들은 동시에 무상복지 공약들이 포퓰리즘이란 비판에
공감하느냐는 질문에도 65.%가 '그렇다'고 답해 모순적인 태도를 보
였다는 것이다.

뿌리치기 어려운 복지의 유혹

현대경제연구원의 이런 설문조사 결과는 필자가 평소 생각했던 바
와 일치한다. 정치권이 굳이 해주겠다는데 굳이 마다할 필요 없고,
정치권은 복지 수준을 높이면 더 많은 사람들이 표를 주기 때문에
복지 확대의 유혹을 뿌리치기 힘들다.

이런 과정은 계속 순환될 것이고, 적절한 견제가 없다면 파국으로
치닫게 된다. 이런 나의 생각은 이미 다른 포스팅을 통해 밝혔다.

◆ 2012.01.09 [낚시&정치] 수족관 붕어로 본 복지의 한계, 보편적 복지, 선택
적(선별적) 복지 논쟁의 한계
http://bigplanner.blog.me/150128561298

◆ 2011.09.27 진단】 아르헨티나 대선과 복지 포퓰리즘이 우리에게 미치는 영향
http://bigplanner.blog.me/150119806119

나는 무상복지 수혜자다

다시 나 자신을 통해 세상을 본다. 맞벌이 가족에다 만 두 살이

안 된 아들 녀석을 둔 필자는 정치권의 무상보육 공약의 최대 수혜
자라고 할 수 있다.

실제로 올해 3월부터인가. 어린이집 이용료를 지원받아 경제적인
부담을 덜었다. 이렇다보니 사실 복지가 더 강화되었으면 하는 생각
이 드는 것도 사실이다.

자식에게 빚 떠넘기는 아버지가 되긴 싫어

그러나 이런 나의 현재가 복지의 수혜자라고 해서 무조건 혜택을
늘리라고 하기에는 아들에게 미안하다.

복지에는 돈이 들고, 돈을 마련할 방법이 확실하지 않은 정책 예산
은 사실상 모두 빚이다. 이 블로그에 처음 글을 올렸던 2007년의 '빚
쟁이'라는 글이 다시 생각나는 것도 이 때문일 것이다.

자식의 머리가 굵어져 나와 대화가 통할 때쯤 "아빠가 빚진 걸 왜
내가 갚아야 해?"라는 곤란한 질문을 받지 않기 위해 앞으로도 포퓰
리즘식 복지에 대해서는 미약하나마 지속적인 메시지를 남길 것이다.

2010년 지방선거에서 민주당이 승리할 수 있었던 것은 '야권연대' 외에도 '무상교육' 공약의 영향이 절대적이었다고 생각한다.

무상시리즈가 정치권의 최대 이슈로 떠오르고 있는 상황에서 필자는 무책임한 무상 복지에 대한 관심에 경종을 울릴 필요가 있다고 느꼈고, 이와 같이 이념과 관련된 부분은 '효과적인 설득'이 관건이기 때문에 설득 방법에 대한 고민이 있었다.

첫 번째 글에서는 복지의 한계를 수족관 붕어에 빗대어 설명하며 '복지란 참기 어려운 유혹으로 유혹에 빠지면 헤어나기 힘들다'라는 점을 강조했다.

또한 정치권에서 주장하는 대로 복지만을 강조했을 때 이후 상황이 어떻게 될지를 상상할 수 있는 상황을 그리는 한편, 당장 우리나라가 가진 복지 능력도 모르고 있다는 점을 지적해 복지 논의에서 그 순서를 정할 필요가 있다는 점을 강조했다.

두 번째 글에서는 그럼에도 복지 수준 확대는 시대적인 요구와 같아서 공약의 성질을 밝히며 실천 가능성을 제대로 검증할 필요가 있다는 점을 강조했다.

또한 세 번째 글에서는 복지의식에 대한 여론조사 결과를 근거로 무상복지는 달콤하지만 경계해야 하는 대상 즉, 포플리즘의 형태라는 것을 강조했다.

결과적으로 새누리당도 무상 복지 공약을 내세우긴 했지만 2010 지방선거 당시와 비교해 2012 총선에서는 무상복지의 문제에 대한 사회적 관심이 더 높아졌다고 할 수 있고, 이 결과 단계적 복지, 선택적 복지에 대한 국민의 선호도 전에 비해 높아졌다고 할 수 있겠다.

물론 필자의 글이 이런 변화에 직접적이고 강력한 영향을 주진 않았겠지만 상황을 읽고 이런 흐름을 만드는 데 일조했다는 것은 외면하기 힘들 것이다.

선거 관리자의 명분을 찾아보자

[1]

◈ 02.08 홍준표 "불출마 포함 거취 당에 일임" 진의가 무엇일까?

http://bigplanner.blog.me/150131128588

새누리당 홍준표 전 대표는 오늘(8일) 4.11 총선 출마 문제와 관련해 "총선 불출마를 포함한 모든 거취 결정을 당에 일임하겠다."고 밝혔다.

이와 함께 "19대 공천신청을 하지 않겠다.", "4년 전 저희 당을 믿고 나라를 맡겨주신 국민 여러분의 뜻에 부응하지 못하고 새누리당에 대한 국민의 신뢰가 추락한 점에 대해 당 대표를 지낸 저로서는 무척 죄송스럽게 생각한다."고 밝혔다.

필자는 사실 현역 의원 중에 홍준표 의원을 가장 좋아했다.

대학시절인가……. TV 토론 프로그램에 나와 거침없는 입담을 과시하다 상대가 조금 논점에서 멀어진 말을 하자 "격이 맞아야 토론을 하든, 대화를 하던 하지……"라는 식의 발언을 했던 것 같다.

정확한 기억은 아니지만 여튼 이런 모습을 보며 필자는 '안하무인'을 떠올린 것이 아니라 '멋있다'는 생각을 했다.

당시 토론의 내용을 더 정확히 기억하고 있었다면, 왜 그때 홍준표 의원의 모습이 매력적이었는지 더 쉽게 쓸 수 있겠지만 여기까지가 기억력의 한계다.

홍준표 전 대표가 작년 말 대표직을 내놓았을 때 필자는 다음과 같은 글을 남겼다.

◆ '안상수 대표 발목 잡던 홍준표 최고, 대표되니 최고위원들에게 발목 잡히고, 당권-대권 분리했던 박근혜 대표, 당권-대권 통합하려 다시 대표하나?'
http://bigplanner.blog.me/150126172854

오늘 자신의 거취를 당에 일임한 홍준표 전 대표의 기자회견을 보며, 미안한 마음까지 드는 것은 그가 필자가 마음에 두었던 몇 안 되는 국회의원 중에 한 명이었기 때문일 것이다.

이제 감상은 조금 접어두고, 머리를 식혀보자.

그는 자신의 불출마를 밝힌 것이 아니라 자신의 거취를 당에 일임했다. 이를 두고 여러 해석이 가능하겠지만 당장 드는 생각은 어쨌거나 새누리당 지도부에 힘을 실어줬다고 평가할 수 있겠다.

이를 통해 비대위가 다른 중진급 의원들의 거취에 더 큰 영향력을 행사할 수 있을 것이다.

다른 면에서는 이미 고립무원(孤立無援) 상태인 그가 통 큰 행보를 보여줌으로서 오히려 지도부를 압박했다고 볼 수도 있겠다. 설명하려면 조금 힘든데, '내가 이렇게까지 했는데, 어떡하겠어?' 정도의 심리라면 이해할 수 있겠다.

> 국민 여러분의 뜻에 부응하지 못하고 새누리당에 대한 국민의 신뢰가 추락한 점에 대해 당 대표를 지낸 저로서는 무척 죄송스럽게 생각한다.

언론에 알려진 이 멘트가 정확하다면, 그는 현재 거취 결정에 대한 아쉬움을 남기는 한편, 새누리당 지도부를 비판·경고했다고 볼 수 있겠다. 그는 한나라당에 대한 국민의 신뢰가 아닌 새누리당에 대한 국민의 신뢰가 추락했다면서, 당 대표를 지냈기 때문에 죄송하다는 표현을 썼기 때문이다.

보기에 따라서는 비대위 체제 이후 당 지지도를 높이지도 못했으면서 왜 나에게 이런 짐을 지게 하느냐는 하소연으로 느껴지기도 한다.

그것은 한나라당 안상수 대표체제에서 홍준표 대표체제로 전환되는 과정, 그리고 홍준표 대표체제가 공격 받으면서도 '쇄신'의 목소리를 높였다는 점에서 이해할 수 있겠다.

나름 홍준표 전 대표를 위로한답시고 쓴 글이 그 반대의 효과를 낼 수도 있겠다는 생각이 들지만, 정치인의 어떤 말을 할 때 그 속에 담긴 의미가 어떤 것이 있는지 알아볼 수 있는 좋은 사례인 듯해 글을 남겨본다.

[2]

◆ 02.23 문재인 대항마 손수조를 응원한다

http://bigplanner.blog.me/150132417309

(부산 사상구) 문재인 대항마 27세 여성 후보 '손수조'를 응원한다

※ 이 글은 아이엠피터님의 글 '문재인 대항마 27세 이대여성 왜 뜨나?'에 대한 반박글 또는 엮인글입니다만, 네이버 블로그와 티스토리가 연동되지 않아서 여기에 올립니다

아이엠피터님의 글 http://impeter.tistory.com/1763

전 사실 손수조 씨를 모릅니다. 불과 한 시간 전까지 전혀 몰랐습니다. 주요 신문에도 수차례 등장했다는 것을 조금 전 아이엠피터님의 글 '문재인 대항마 27세 이대여성 왜 뜨나?'를 통해 알았고, 덕분에 기사 검색과 트위터에 팔로잉까지 합니다.

그에 대한 흥미를 느꼈기 때문입니다.

손수조 씨에 대한 첫인상은 매우 신선하고, 좋습니다. 아이엠피터님의 글 덕분입니다. 여기에는 아이엠피터님의 블로그에 떡하니 자리 잡고 있는 문재인 홍보 배너도 한 몫 했습니다.

블로거의 독보적인 존재라 할 수 있는 아이엠피터님의 글을 반박함에 따른 부작용이 예상됩니다.

하지만 많은 분들이 아시는 것처럼 아이엠피터님의 글은 흥미롭고, 풍성하기 때문에 '로드빅도 한 번 도전해봐'라는 유혹도 굉장합니다. 저는 유혹에 넘어갔고, 오늘 경계를 넘어보려 합니다.

두려움에 사설이 길었지만 지금부터 제가 할 말이 그렇게 굉장한

것은 아닙니다.

손수조 씨의 공천 가능성이 가장 높다

부산 사상구에 도전장을 내민 문재인 후보. 과연 대선후보다운 선택이었다고 봅니다. 텃밭에서 거둔 손쉬운 승리로 대권을 노렸다면 그의 그릇이 작아 보였을 것입니다.

부산 사상구에 새누리당으로 예비 후보 등록을 신청한 사람이 김대식, 손수조, 신상해 씨군요. 여기서 제일 공천이 가능성이 높은 사람이 김대식 교수라네요.

2007년 한나라당 대선 경선 때부터 이명박 후보 캠프에 뛰어들어 박영준과 함께 선진국민연대를 이끌었다면 MB맨이라 할 만하겠습니다.

그런데 MB맨이란 이유로 공천 가능성이 제일 높다는 것은 잘못 짚으신 것 같습니다. 지금의 새누리당은 이명박 대통령 색깔빼기에 혈안이 되어 있기 때문입니다.

짐작하시겠지만 구체적인 증거를 보여드리진 못하겠고, 예전에 제가 올린 포스팅으로 대처하려 합니다.

◆ 2012.1.27 정치, 이합집산·색깔빼기 그만하고 용서를 구하라
http://bigplanner.blog.me/1501301333301

적어도 이번 4.11 총선에서는 민주통합당이나 새누리당이나 젊은 유권자들을 어떻게 포섭할 수 있느냐에 더 깊은 관심을 가지는 것

같습니다. 단적인 예는 청년비례대표제가 될 수 있겠죠. 그리고 여성입니다.

많은 예비후보들 중 웬만한 이력을 가진 여성 후보를 찾기가 힘듭니다. 결론적으로 '젊은 여성'이라면 여든 야든 훌륭한 공천의 대상이 된다는 것입니다.

여기에 아이엠피터님이 지적한 "MB맨이나 한나라당 출신 인사가 아닌 다른 사람을 내세워 격돌시키는 것이 오히려 새누리당에 유리할 수 있습니다. 이런 부분에서 손수조 후보가 오히려 김대식 후보보다 적합한 인물이라고 볼 수 있습니다"를 더하면, 공천 가능성이 가장 높은 예비후보가 오히려 손수조 씨가 될 수 있겠다는 생각입니다.

정당의 영원한 선거전략 '지역주의'에 대한 인식의 전환이 필요하다

노무현 전 대통령은 1988년 제13대 국회의원선거 부산 동구에서 출마해 당선되었습니다. 이후 제14대 국회의원선거(낙선), 1995년 부산시장선거(낙선), 제15대 국회의원선거(서울 종로, 당선), 1998년 국회의원 재보선, 제16대 국회의원선거(부산 북강서을, 낙선), 그리고 2002년 제16대 대통령선거에 출마해 대통령이 되었습니다.

노무현 전 대통령이 보여준 행적은 그때나 지금이나 충격적입니다. 지역구 국회의원에 도전하는 사람이 지역구를 계속 바꿨으니까요.

문재인 후보도 노무현 전 대통령의 행적을 답습해 그의 유지를 받드는 모습을 보여주고 있는 것 같습니다.

이를 통해 전국 정당 또는 특정 지역색을 가지지 않은 사람이라는 이미지를 창출해내는 것이겠죠. 과거 우리의 역사가 지역주의를 생산해 무한 갈등의 모습을 보였기 때문에 그들의 행적은 정말 훌륭하다 생각합니다.

이제 현재를 좀 보겠습니다. 과거의 영남과 현재의 영남은 다르다고 합니다. 문재인 후보가 민주통합당의 후보로 나서고 있음에도 당선이 유력시 된다는 일반적인 관측이 그 증거가 될 수 있겠습니다.

그런데 지역구 국회의원은 해당 지역의 이익을 대변하는 사람입니다. 지역구 국회의원의 선출 목적을 생각한다면 지역주의를 문제 삼는 것 자체가 말이 안 되겠지만, 그동안 말이 되어 온 것은 앞서 이야기했듯 우리만의 특수한 지역갈등 역사 때문일 것입니다.

3,000만 원 선거를 응원한다

아이엠피터님의 글을 통해 손수조 씨가 '내 연봉 3,000으로 선거 뽀개기' 타이틀을 내걸고 실제 그 내역을 자신의 블로그를 통해 공개하고 있다는 것을 알고는 무척 기분이 좋았습니다. 도전하는 젊음이 아름다워 보였기 때문입니다.

실제 선거에는 많은 돈이 들어갑니다. 선거관리위원회에서 책정하고, 나중에 득표율에 따라 보전해주는 선거비용 제한액만 최소 1억 정도 됩니다.

때문에 27세 여성이 전에 어떤 직장을 다녔건 선거비용을 감당하기는 어려울 것입니다. 아마 이 때문에 피터님이 걱정을 하신 것 같습니다. 그래서 손수조 씨 블로그를 방문했더니 아래와 같은 글을 올렸네요.

손수조 선거 캠페인 - 2.

[내 연봉 3000만원으로 선거 뽀개기]

오늘은 주유비 '50,000'원,
석유(사무실 난로용) '10,000원'을 지출했습니다.
그래서 지금까지 총 지출은 '19,349,520'원!!

02월 21일	₩ 50,000	주유	
02월 21일	₩ 10,000	석유	사무실 난로용
총합	₩19,349,520		

만약 공천을 못 받는다면,
어쨌든 저의 계획은 성공 할 듯 합니다.
사무실 보증금 500만원도 돌려 받을 테니까요~!

만약 공천을 받는다면,
아무래도 돈이 더 많이 필요할 듯 하네요 ㅠㅠ
또 제 의지와 상관없이 기본으로 들어가야 하는 돈이 있을테니까...

최대한 제가 아끼겠습니다.
그리고 어쩔 수 없이 돈이 '0원'이 되면,
저를 후원해주신 분들께 정중히 허락을 구한 뒤, 후원금을 쓰겠습니다.
그리고 최대한 표를 많이 받아
전액 보전 받을 수 있도록 노력하겠습니다.
그리고 후원금으로 보태 쓴 돈 만큼, 어떤 방식으로든 사회에 환원 하도록 하겠습니다.
솔직히,
이렇게 집중 받을 지 몰랐고, 공천은 '꿈' 이었습니다.
전체 레이스에 대한 현실 감각이 없기도 하구요.
저의 의지와 상관없이 드는 돈도 있었습니다.
가령,
사무실의 경우 '천막' 이나 '컨테이너' 계획이 무산되고,
비어있는 사무실이 없어 부득이하게 조금 넓은(?) 사무실을 계약하게 되는 등.

아무튼
저는 이러한 저의 페이스대로 쭉쭉 나가겠습니다.
그 레이스의 '끝'이 언제가 되든.
^^

by SJ...

그리고 조금 위험한 지적인 것 같은데, 그냥 하겠습니다.

피터님은 아래와 같이 쓰셨습니다.

여기서 짚고 넘어갈 것은 '내 연봉 3,000으로 선거 뽀개기' 에서 손 후보의 3,000만 원은 자신이 벌었던 연봉이 아니라 대략적인 청년 연봉을 3,000만 원으로 계산해서 올린 타이틀입니다.

손 후보의 선거 비용 3,000만 원은 자신이 모은 돈과 손 후보 부모가 지원한 돈이지만 각 언론에서는 마치 손 후보가 3,000만 원을 일해서 번 돈이고, 그 돈으로 선거를 치르는 모습으로 둔갑하기도 했습니다.

이슈파이터

이 글을 쓰며 손수조 씨의 블로그를 검색해 방문해보니 아래와 같이 등록되어 있었습니다. 서로 오해가 있는 것 같으니 누군가는 바로잡길 희망합니다.

◆ http://blog.naver.com/sonsujo/20150861225

내 연봉 3,000으로 선거 뽀개기! | 연봉 3,000으로 선부 / 선거 캠페인8

손수조 선거 캠페인 2.
[내 연봉 3,000으로 선거 뽀개기!!!]

정치인이 옳이고.
정치인이 되고자 희망하시는 청년들이 생각보다 많습니다.
이번 선거를 시작하고 많은 청년들께 연락을 받으며,
피부로 느꼈습니다.

그러나
저를 포함하여,
우리 청년들의 '꿈'은 다름아닌 '돈'에 발목 잡힙니다.

"정치인은
돈이 많아야 한다"고
세상은 말합니다.
그리고 현실도 정말 그러하더군요.

그러나
언제부터
누가
이것을
기정사실화 했나요?

저는, 그리고 우리 청년들은
기존의 이 패러다임을 깨고 뒤어넘을 상상을
해봅니다.

제가 도전하는 2012년 4.11 총선에서,
제가 모아 두었던 대략 저 연봉 3,000만원으로
국회의원에 도전.
선거 뽀개기!
해보겠습니다.

제가 하루하루 쓰는 돈이 얼마인지.
어디에 쓰는지.
과소비는 없는지.
모두 밝히고, 공유하겠습니다.

저를
정치인을 꿈꾸는 여러분들의
'아바타' 로 여기시고.
저를 통해 선거를 간접 경험 하십시오.
그리고 여러분의 꿈에 한 발짝 더 다가가시길 희망합니다.

^_____^

* 여러분.
댓글로 많이 돌잠 해 주세요!!

이 글을 올린 후 rapture 님의 댓글에 힘입어 한 줄 추가합니다.
손수조 씨의 현재 모습은 적어도 저에게는 아름답고 훌륭해 보입니다. 하지만 삼촌들이 으레 그렇듯 걱정도 됩니다.

그대가 현재 비춰지는 스포트라이트에 취해 오만해지지는 않을까, 정치라는 무대에서 소모품으로 사용되면 어떡하나, 내가 본 모습이 가식이라면 어떡하나……. 국회의원이 되겠다고 나선 분이시니 더 쓰지 않아도 잘 아실 것이라 믿고 이만 줄입니다.

[3]
◆ 02.27 서울 '강남을' 왜 뜨나?
http://bigplanner.blog.me/150132762315
[총선 돋보기] 서울 '강남을' 왜 뜨나?
정동영 VS 전현희 VS 김종훈 VS 이정선 VS 허준영 VS 정동기

민주통합당 상임고문(정동영)과 전 대변인(전현희)의 갈등

지난 23일, 민주통합당 정동영 상임고문과 같은 서울 강남을에 출마 선언을 했던 전현희 의원(비례)이 공천 면접 심사 직후 기자회견을 열어 "정 고문이 남편의 학교 선배와 동료 의원들을 통해 다른 곳으로 출마지역을 옮기라고 압박했다"고 주장했다.

이후 트위터를 통해 "정 고문님이 '대권주자 예우'를 당 지도부에 요구하며 경선을 거부하고 전략공천을 압박하는 것은 정말 옳지 않다. 나는 여성 의무공천도 요구하지 않는다. 제발 경선 출마 기회만이라도 가질 수 있게 해 달라"고 하소연 한다.

이처럼 '강남을'이 뜨는 이유는 무엇일까?

강남을 선거구는 한나라당 공성진 전 의원의 의원직 상실로 '무주

공산이 된 곳이다. 강남구 테헤란로 남쪽의 대치동, 개포동, 일원동, 수서동, 세곡동 등으로 구성된 강남을 선거구는 새누리당 강세지역으로 분류되어 왔다.

아마 별다른 설명 없이도 많은 사람들이 대표적인 부자동네 그리고 보수적인 동네로 알고 있을 것이다. 때문에 민주통합당의 후보가 강남에서 당선된다면 영웅이 될 수도 있겠다.

정동영은 왜 강남을 선택했는가?

정동영 의원의 입장에서는 대표적인 보수 성향 지역인 강남을에서 당선된다면, 대권후보로 다시 자리매김할 수 있는 기회를 얻을지 모르겠다.

강남에서 진보 성향의 후보가 당선된다는 것 자체가 큰 이슈가 될 것이고, 이에 힘입어 진보가 강남에서 당선되었다면 대한민국에서도 당선될 수 있다는 메시지를 줄 수 있기 때문이다.

정동영 의원이 낙선하면 어떻게 될까?

모르긴 해도 아마, 내가 민주통합당의 중진으로서 수도 서울, 그 중에서도 가장 고전이 예상되는 지역구에 출마하는 모범을 보였다. 나의 희생으로 인해 우리 당이 더 평가받을 수 있다는 식의 논리로 자신의 지분을 확보할 수 있겠다.

하지만 후자는 이제 김이 좀 빠졌다. 민주당의 대변인이었던 전현희 의원도 강남을에 출사표를 냈고, 앞서 다뤘던 것처럼 스캔들을 남겼기 때문이다.

새누리당의 움직임은?

새누리당 강남을 예비후보로 등록한 사람은 이정선 의원(비례), 허준영 전 경찰청장, 정동기 전 청와대 민정수석, 권문용·맹정주 전 강남구청장이다.

이들만 해도 다른 선거구에 비해 중량감 있는 인물이 많다고 할 수 있는데, 여기에다 한미FTA 비준을 이끌었던 김종훈 전 외교통상부 통상교섭본부장의 전략공천 가능성도 보인다.

내가 공천권자라 해도 많은 고민을 해야 할 것 같다. 최근 새누리당이 한미FTA 반격에 나서면서 분위기가 조금씩 나아지고 있다.

더구나 새누리당의 든든한 우군이 되어 주던 강남을에 대표적인 한미FTA 반대론자 정동영이 나올 수도 있다.

첫 번째 고민은 정동영에 대항할 김종훈 전 통상교섭부장을 내세워 강남을 한미FTA 심판대로 만들어 주목받게 만들 필요가 있느냐다.

두 번째는 이겼을 때와 졌을 때 얻을 것과 잃을 것은 어느 정도냐다.

세 번째는 전략공천의 위험을 상쇄시킬 만큼 흥행을 시키고, 승리할 수 있느냐다.

앞으로 어떻게 될까?

한미FTA 찬성과 반대를 대표하는 후보들의 경쟁은 흥미롭다. 하지만 이건 내 생각이다.

민주통합당이나 새누리당이 누구에게 공천을 줄지는 예단하기 어려우나 순서상으로는 민주통합당이 강남을 후보자를 확정한 이후에 새누리당의 공천이 확정될 것 같다는 생각이다.

하지만 새누리당에 비해 민주통합당이 집단지도체제 성격이 더 강하다는 점에서 공천의 순서를 가늠하는 것도 쉬운 일은 아닌 것 같다.

민주통합당도 강남을 공천을 두고 나타난 정동영-손현희 의원 간의 갈등이 이미 알려진 상태에서 대놓고 정동영 의원 편을 들기가 편치 않을 것이고, 새누리당도 장애인을 대표하는 이정선 의원이나 경찰을 대표하는 허준영 전 경찰청장을 무시하기 어렵기 때문이다.

어쨌든 오늘 새누리당의 1차 공천심사 결과 발표가 있다고 하니 기다려봐야 할 것이나 강남을이 포함되지는 않을 것이다.

총선의 경우 정당의 입장과 직접 지역구에 출마하는 후보자의 입장은 차이가 있을 수 있다.

그 대표적인 예가 공천이라 하겠는데 정당의 입장에서는 해당 지역민의 의견도 중요하지만 전체 국민이 어떻게 보느냐가 더 중요할 수 있다.

여기서는 실제 공천 사례를 통해 이런 정치권의 생리를 이해하고 어떻게 접근하는 것이 효과적인가를 고민했다.

첫 번째 글에서는 박근혜 비상대책위원장 체제 직전 새누리당 당대표를 지냈던 홍준표 의원이 불출마를 포함한 모든 거취를 당에 일임하겠다고 밝힌 배경과 목적을 추측했다.

결과적으로 홍준표 대표는 제18대 대선과 함께 치러진 경남 도지사 선거에 출마해 당선되어 현재는 경남도지사 신분이 되었다.

두 번째 글에서는 유력한 민주당의 대선후보였던 문재인 후보가 출마한 부산 사상구에 새누리당의 후보로 27세 여성의 공천 가능성을 다뤘는데, 이 글이야 말로 실체가 있는 이슈파이팅이라고 할 수 있겠다.

정치블로거 1위이자 전체 블로거 중에서도 최다 방문객 수를 가진 유명 블로거 아이엠피터의 글을 반박하며 쓴 글이기 때문이다.

당시의 필자와 아이엠피터는 손수조와 문재인과 같은 인지도를 갖고 있었는데 필자의 의도대로 이 글은 아이엠피터에 의해 더 많이 읽혀졌을 뿐만 아니라 이 글에서 밝힌 필자의 예상은 모두 적중했다.

세 번째 글 역시 서울 강남을 지역의 공천을 전망했는데 정당 간의 역학관계, 전체 판세 등을 근거로 한 필자의 예측은 모두 적중했다.

이 같은 과정을 통해 다시 한 번 확인할 수 있는 것은 정치는 국민이 아는 만큼 변하는데, 더 많이 국민이 알게 만들려면 그만큼 흥미진진한 스토리가 있어야 한다는 것이다.

선거 구도를 유리하게 만들어보자

[1]

◈ 01.27 정치, 이합집산·색깔빼기 그만하고 용서를 구하라

http://bigplanner.blog.me/150130133301

한나라당 비상대책위가 26일 국민을 상대로 당명을 공모해 30일에 새 당명을 확정하기로 했다. 1997년 출범한 한나라당 깃발이 15년 만에 바뀌는 것이다.

이를 두고 대부분의 언론은 색깔빼기라고 분석하고 있다. 부자정 당의 이미지와 전당대회 돈 봉투 사건 등으로 악화된 이미지를 털겠 다는 의도로 받아들이고 있는 것이다.

또한 얼마 전 '민주통합당'으로 재탄생한 민주당은 1997년 이후 새 정치국민회의▶ 새천년민주당▶ 열린우리당▶ 중도개혁통합신당▶ 중도통합민주신당▶ 미래창조대통합민주신당▶ 대통합민주신당▶

통합민주당▶ 민주당▶ 민주통합당으로 당명을 바꿔왔다.

정치권의 이합집산(離合集散), 색깔빼기 시도와 결과는 멀리 갈 것도 없이 위 두 단락만 보면 알 수 있다.

현재의 민주통합당을 보며 과거 민주당이나 열린우리당과 완전히 다른 새로운 정당이라고 생각하는 사람이 얼마나 있을까? 그럼에도 불구하고 우리 정치권은 정권이 바뀔 수 있는 기회가 있을 때마다 과거의 색깔을 빼려는 모습을 보이다가 다시 같은 색을 채우는 모습을 반복한다.

다시 현재 진행형인 한나라당으로 돌아온다. 한나라당이 쇄신을 위해 비상대책위원회체제로 들어선지 오늘로 한 달이다.

짧은 기간이지만 4월 총선을 감안해 비대위가 한나라당 쇄신을 위한 확실한 몫을 해주리라는 기대가 컸다. 하지만 그동안의 비대위 활동에 대한 평가를 하자면, 실망이다.

한나라당 비대위가 오늘까지 뭔가 결정을 내린 것은 당명을 바꾼다는 것과 공심위를 구성한다는 것이다. 그동안 비대위와 관련된 논란이야 과도체제인 만큼 이해는 된다.

그런데 뭔가 결정을 내렸다는 것이 고작 15년간 유지해온 당명을 바꾸자는 것과 선거 때가 되면 여느 정당이나 구성하는 공심위를 구성하겠다는 것이라니……. 이럴 거면 비대위는 왜 구성했나는 생각이다.

쇄신이란 과거와 단절하며 시작하는 것이 아니라 극복하면서 시작되어야 한다.

김종인 한나라당 비대위원이 제기한 이명박 대통령 탈당론에 대한 이재오 의원의 인터뷰를 인용해본다.

지금 자기네들이 판세가 불리하다고 대통령 떨어낸다고 하면, 대통령을 떨어내고 이익을 볼 사람들끼리, 완전히 단절하는 방법은 그들끼리 나가면 되는 거잖아요.

표현이 좀 거칠어서 선뜻 동의하긴 힘들지만 그 취지에 공감하는 부분이 있다. 기존의 정당들이 잘못을 했다면 그에 맞는 벌을 받든지, 용서를 구해야 한다.

국민들은 당신이 문제라고 생각하고 있다. 그런데 당신은 친구를 버리면서 친구가 문제라고 한다.

국민들은 당신이 변해야 한다고 한다. 그런데 당신은 이름만 바꾸면 변한 것으로 착각하고 있다.

국민들은 당신이 친구를 버리고, 다른 친구를 사귀어도, 이름을 바꿔도 예전에 그 아무개라는 것을 안다. 하지만 조금 헷갈린다.

선거 때만 되면 반복되는 이합집산과 색깔빼기로 헷갈리게 하지 마라.

차라리 솔직하게 내가 그 사람인데 진심으로 반성하고 있으니 기회를 달라고 한다면 적어도 필자는 그대에게 한 표를 주겠다.

[2]
◆ 02.10 착각에 빠진 민주통합당, 당신도 책임 있다
http://bigplanner.blog.me/150131320452

민주통합당이 오늘(10일) 허위사실 유포죄로 구속 수감 중인 정봉주 전 의원의 구명을 위한 '정봉주법 통과촉구 결의대회'를 열었다.

이 자리에서 한명숙 민통당 대표는 "정봉주가 지금 홍성 교도소에 갇혀 있다. 민주주의도 갇혀 있고, 표현의 자유도 갇혀 있다"며 "지금 국회가 파행돼 있지만 마지막으로 열리는 2월 국회에서 정봉주법(공직선거법 개정안)이 반드시 통과되도록 새누리당이 동참해 달라"고 촉구했다.

어제(9일) 국회 본회의에서 '천안함 발언 파문'으로 물의를 일으켰던 조용환 헌법재판관 선출안이 부결된 것을 두고 국회일정을 거부한 민주통합당이다. 아무리 말 바꾸기가 쉬워도 오늘 이렇게 버젓이 2월 국회에서 정봉주법이 통과되도록 동참해달라고 할 수 있는 것인지 이해하기 어렵다.

더욱이 나꼼수를 들어보면 과거 민주당이 정봉주의 구명을 위해 어떤 역할도 하지 않는다고 비판하는 목소리를 확인할 수 있다. 나꼼수가 민의를 움직이는 주류가 되었다고 하니 이제 와서 편을 드는 것을 이해 못할 바는 아니나 어떻게 국회운영을 입맛대로 할 수 있는 것인지…….

민의를 대변하는 입법부의 일원들이 '민주주의가 갇혀 있다. 표현의 자유도 갇혀 있다'고 하면서 민주주의를 왜곡하고, 자신의 말만 국민들이 듣게 하려는 것인지……. 한 마디로 기분 나쁘다.

국회 일정 보이콧은 민주당, 민주통합당의 단골 메뉴가 된지 오래다. 자신들과 조금만 의견이 달라도 보이콧, 아니면 폭력 국회…….필자가 너무 편파적으로 보일까 더 쓰진 못하겠지만 자신들이 여당이었던 시절을 떠올려 보라.

물론 그 때도 야당이었던 한나라당이 국회일정을 보이콧하고, 사학법 개정 반대를 위한 폭력 국회 상황이 있었다. 하지만 기억이 맞다면 17대 국회와 18대 국회에서 제1야당의 국회일정 보이콧 횟수와 기간, 폭력 상황은 18대 국회가 몇 갑절은 될 것이다.

어제 오늘 민주통합당의 모습을 보고 과연 자신들이 집권한 후에는 어떻게 하려는 것인지 정말 걱정이다. 인기영합주의 난 괜찮다고 보지만, 그것이 진짜 국민이 원하는 것인지는 검증해볼 필요가 있다.

적어도 난 현재의 민주통합당 지지율 상승이 자신들이 잘 해서라기보다 새누리당에 대한 실망과 마땅한 대안이 없다는 현실에 대한 반사이익이 훨씬 크다는 것이다.

때문에 민주통합당이 착각하지 말기를 바란다. 말 바꾸기 이젠 정말 신물이 나니 처음부터 잘 하라고 국민의 한 사람으로서 요구한다.

[3]

◆ 02.26 현역 교체 없는 민주통합당 공천, 변화를 이야기할 자격 있나?
http://bigplanner.blog.me/150131320452

현 제18대 국회, 민주통합당 소속 국회의원은 지역구 의원 74명에 비례대표 15명으로 총 89명이다.

※ 민주통합당 지역구 의원 수: 서울 7명, 부산 1명, 인천 2명, 광주 8명, 대전 2명, 경기 20명, 강원 3명, 충북 6명, 충남 1명, 전북 10, 전남 11명, 제주 3명

지난 2월 24일(금) 민주통합당은 2차 공천 단수후보자 및 경선지역 후보자 명단을 발표했다.

이중 단수후보자 즉, 공천확정자로 선정된 사람은 54명이다. 이들 가운데 현역의원은 27명, 전직 의원은 16명으로 54명 중 43명(약 80%)이 전·현직 국회의원 출신인 것이다.

아직까지 민주통합당에서는 현역의원 공천 탈락자가 단 한 명도 없다.

또한 당내 공천심사위원 대부분이 공천을 보장 받고, 정치자금법 위반 혐의로 1심 유죄를 받았던 임종석 의원도 공천을 받았음은 물론 자유선진당으로 당적 변경 논란이 있었던 이상민 의원도 역시 공천을 확정 받았다고 한다.

현역 지역구 의원들에게 모두 공천을 주는 것은 18대 국회에서 민주통합당 의원들의 의정활동을 만족스럽게 평가한다는 뜻으로 봐야 하지 않을까? 현재까지의 결과만 놓고 보면 민주통합당은 인적 쇄신에 대한 의지가 전혀 없는 것 같다.

폭력 국회, 틈만 나면 보이콧으로 활동을 멈췄던 불임국회로 비판 받았던 현 18대 국회, 모든 국회의원들이 똑같은 잘못이 있다고 평가할 수 없겠지만 전원이 잘했다고 평가하는 것은 확실히 잘못되었다는 생각이다.

공천이란 정당이 자당의 후보를 결정하는 것이기에 정당의 지도부·공심위가 알아서 할 일이나, 처음부터 쇄신·변화의 목소리를 내지 않았더라면 지금처럼 비판하는 사람도 없었을 것이다.

[4]

◆ 03.12 '야권연대' 아~니죠. '진보연대' 맞습니다
http://bigplanner.blog.me/150133756545

'야권연대' 가 아~니죠. '진보연대' 맞습니다
비슷한 말에는 '땅따먹기' 가 있습니다

3월 10일, 민주통합당과 통합진보당의 지역구 나누기 협상이 극적으로 타결되었다고 한다. 이미 지난 2010 지방선거에서 '야권단일화'로 성과를 본 진보 성향 정당들이 국회의원 선거에서도 당연히 단일화 될 것으로 예상되었고, 이제 그 윤곽이 드러나기 시작하는 것이다.

그런데 모든 언론이 이를 '야권연대 협상 타결'로 보도하고 있다. 너무도 뻔하고 당연한 문제를 한 번 제기해본다.

정당정치에서 정권을 가지고 있는 정당을 여당이라 하고, 그렇지 않은 정당을 야당이라 한다. 이렇게 간단한 이분법으로 우리는 모든 정당을 '여야'라는 쉬운 말로 표현한다.

'여권', '야권' 이란 말은 '여', '야'에 '권'자만 붙인 것인데, '권역'이란 말이 일정한 구역이나 범위를 뜻한다는 점에서 야권이라 함은 '정권을 가지고 있지 않은 정당들'이 되겠다. 말놀음 같지만, 이게 중요하다.

'야권연대'라 함은 정권을 가지고 있지 않은 정당들의 연대라는 뜻일 텐데, 현재 언론이 당연하다는 듯 쓰고 있는 '야권연대'에는 민주통합당과 통합진보당 뿐이다. 자유선진당, 창조한국당……. '다 어디 갔오?'

이쯤 되면 누가 그럴 수 있겠다. 자유선진당은 여당 성향 아니냐? 민주통합과 통합진보당이 진정한 야당 성향이기 때문에 '야권연대'라고 할 수 있다.

좋다. 그럼 창조한국당은 어떡할 것인가?

긴말 필요 없이 진보 성향이라 해야 옳다. '자유선진당'과 '국민생각'이 연대하면 '여권연대'라고 할 것인가? 정~ 연대하고 싶으면 '진보연대'라고 해야 할 것이다. 자유선진당과 국민생각이 '보수연합'이라고 표현하는 것처럼.

여기서 또 한 가지 문제가 발생한다. '보수연합'이라고 하면 보수 성향 새누리당이 포함되지 않을 것을 두고 이것 역시 안 된다고 할 수 있겠다.

2010년 지방선거에서 '야권 단일후보'라는 말을 공식적으로 썼다는 점에서 변명이 될 수 있겠지만 이 역시 완벽하지는 않겠다.

결국 정도의 차이다. 그리고 상식적인 이해의 차이도 있겠다. 보수연합의 경우 '우리가 보수 연합을 만들려고 하니 새누리당도 연합에 참여하려면 참여하라'고 할 수 있겠지만, 야권연대의 경우 '우리가 야권 연대를 하려 하니 자유선진당도 참여하려면 참여하라'고 말할 수 없다는 것이다.

지금까지 '야권연대'라는 말은 틀린 말이니 '진보연대'로 써야한다는 주장을 했으니 이제 '정당 간 야합'을 다뤄볼 작정이다.

뭐…… 그리 긴 말할 필요 있을까?

야권연대 합의 내용의 초점이 민주통합당이 통합진보당 쪽의 몫으로 전국에서 16개 지역을 양보하는 내용과 75개 지역에서 경선을 치르는 방안이라고 하니, 간단하게 말할 수 있겠다.

'땅·따·먹·기'

[5]

◆ 03.15 새누리당과 민주통합당의 공천 취소 주고받기에 대한 평가
http://bigplanner.blog.me/150134085698

새누리당이 14일 서울 강남갑·을에 공천했던 박상일·이용조 후보 공천을 취소한 이후 민주통합당도 15일 서울 광진갑과 강원 동해·삼척에 공천했던 전혜숙(현)·이화영(전) 의원 후보 공천을 취소했다.

여야가 공천 취소를 주고받는 모습인데 왜 이렇게 되었을까?

우선 새누리당이다. 새누리당 공심위는 심사 과정에서 미처 발견되지 못한 점이 언론 보도에서 제기됐다며 공천을 취소했는데, 내용인즉, 강남갑에 공천된 박상일 후보는 독립군에 대한 부적절한 평가로, 강남을의 이영조 후보는 5·18 민주화운동과 4·3항쟁에 대한 영문 표기로 역사 인식의 문제가 있다는 것이다.

이런 조치에 대해 이영조 후보는 인터뷰를 통해 "전략 공천 자체도 당의 결정이고, 철회도 당의 결정이기 때문에 당의 명령에 저는 순응할 것입니다"라고 밝혔고, 박상일 후보도 보도자료로 "모두 저의 부덕의 소치라 생각한다. 과정과 이유야 어찌됐던 새누리당이 위대한 대한민국 건설을 위해 앞장서줄 것"이라고 밝혀, 당사자들은 일단 모두 결과를 받아들였다.

◈ MBN 뉴스, [4·11 총선] 새누리당 박상일·이영조 공천 취소

이데일리, 박상일 "부덕의 소치…… 與 공천취소 결정수용"

이제 민주통합당이다.

오늘 민주통합당은 이화영 전 의원과 전혜숙 의원에 대한 공천을 취소했는데, 지난 12일 한명숙 대표가 관훈토론에서 "여러 기준에 의해 지적받는 사람들은 어떤 결정을 내릴 것이라 기대한다."며 스스로 물러날 것을 시사했지만 이 전 의원은 사퇴 의사를 밝히지 않았고, 이에 지도부도 더 이상 기다릴 수 없다며 공천을 취소했다.

◈ 오마이뉴스, 민주통합당 이화영·전혜숙 공천 취소

문제가 된 도덕성 논란이란, 이화영 후보의 경우 유동천 제일저축은행 회장으로부터 정치자금을 받고, 김동진 전 현대차그룹 부회장으로부터 청탁과 함께 금품을 받은 혐의로 지난달 불구속 기소됐다는 것이다.

전혜숙 의원은 경우는 지역 향우회 간부에게 금품을 전달한 혐의가 있다는 것으로 당에서 자체 조사에 착수했고, 금품을 받은 정황이 일부 사실로 확인되었다고 한다.

하루 사이에 벌어진 새누리당과 민주통합당의 공천 취소를 서로 비교해봤다.

새누리당의 공천 취소 사유는 '역사 인식의 문제'라 할 수 있고, 민주통합당의 공천 취소 사유는 '도덕성 논란'이다.

인식의 문제는 법적인 책임이 없지만, 도덕성 문제는 당사자가 당선되어도 사실로 판명날 경우 당선이 취소되는 중요한 결격 사유다.

이를 통해 확인할 수 있는 가장 기초적인 사실은 새누리당의 공천 심사 기준이 더 엄격하다는 것이다.

두 번째는 후보자들의 역량이다.

새누리당의 공천 취소자 2명은 모두 당의 결정을 순순히 받아들였지만, 민주통합당의 공천자들은 당의 권고에도 불구하고 버티다가 공천이 취소되었다.

이 글을 쓰는 현재까지 전혜숙 의원의 입장을 확인할 수는 없지만, 지금까지 결과만으로도 특별히 이런 평가에 문제는 없을 것 같다. (※ 공천 불복 탈당은 양당에서도 모두 발견되고, 주제와는 맞지 않아 제외합니다.)

세 번째는 문제가 발생한 이후 당 지도부의 대응이다.

한명숙 민주통합당 대표는 14일 부산 지역 민영방송인 KNN에서 열린 토론회에서 "이화영·신계륜 전 의원 등의 공천 반납 조치가 있느냐"는 질문에 "우리는 그 문제에 대해 거론한 적이 없는데 언론에서 자꾸 그런 말을 하는 것으로 알고 있다", "굉장히 알차고 공정한 공천이었다", "결과로 승부할 수밖에 없다"고 말했다.

민주통합당은 오늘 이화영 전 의원에 대한 공천을 취소했다.

◆ [조선일보] "비리 전력자 공천 문제, 이미 절차 끝난 상황" 말 바꾼 한명숙

새누리당 공심위가 9일 서울 강남갑·을에 박상일·이영조 후보를

공천한 이후 야권의 공세가 있었고, 14일 비대위 비공식 간담회를 통해 공천을 취소했다. 공천 취소 전에 지도부의 별다른 대응이 없었다는 점에서 민주통합당과 비교된다고 할 수 있겠다.

◆ [조선일보] [4·11 총선] 새누리 강남공천 이영조·박상일, 비대위가 막았다

이슈파이팅 상황과 평가

선거에 출마한 사람이라면 누구나 선거 구도가 자신에게 유리하게 돌아가길 바랄 것이다.

하지만 후보자가 직접 자신에게 유리한 구도를 만들어가기란 쉽지 않다. 자기 얼굴에 금칠하는 사람을 우리 사회는 그리 예쁘게 봐주지 않기 때문이다.

때문에 선거구도에 변화를 주기 위한 주된 역할은 후보자보다 정당이 수행하는 경우가 보통이겠다.

이슈파이터라면 이런 정당의 행태를 평가하고 비교하는 방법 등을 통해 의미를 부여하고 싶을 것이다.

첫 번째 글에서는 새누리당과 민주통합당이 모두 당명을 개정한 상황에서 민주통합당의 당명 변천사를 들어 같은 당명 개정이라 할지라도 그 진정성에 차이가 난다는 점을 지적하는 한편, 이를 통해 자신들의 지난 과오를 희석시키려는 의도를 비판했다.

두 번째 글은 민주당 지지율이 상승세를 타고 있는 상황에서 민주당의 '정봉주법 통과촉구 결의대회'를 예로 들어 지난날을 되짚어 봄으로써 그들의 이율배반적인 행태를 비판하는 한편, 자신들이 잘해서 지지율이 올라가는 것이 아닌 상대인 새누리당의 잘못으로 인한 반사이익임을 강조해 자중하기를 촉구했다.

또한 세 번째 글에서는 18대 국회를 비판하며 변화를 주장하는 민주통합당이 실제 공천에 있어서는 현역 의원 교체가 없었다는 점을 들어 진정성이 없다는 점을 강조했다.

네 번째 글에서는 2010 지방선거에서 민주당이 그 효과를 톡톡히 누렸던 '야권 단일후보'라는 명칭이 의미상 맞지 않다는 점을 주장했고, 다섯 번째 글에서는 새누리당과 민주통합당 모두가 공천을 취소하는 일이 벌어진 상황에서 새누리당에 비해 민주당 인사들의 형태가 부적절하다는 점을 강조했다.

이와 같은 글들은 모두 새누리당과 민주통합당을 비교하면서 상대적으로 새누리당이 민주통합당에 비해 더 낫다는 점을 주장한 것인데, 이 같은 비교는 상대가 있고 최다 득표자 1인만을 뽑는 선거에 있어 효과적인 방법 중에 하나이다.

결과적으로 제19대 총선은 위의 사례들과 같이 유권자들의 이런저런 비교를 통해 당초 예상과 달리 새누리당이 승리할 수 있었다.

돌파구를 찾아야 살아남을 수 있다

◆ 02.07 박근혜 비대위원장, 원칙을 지키면서 통 큰 포용력 보여주길

http://bigplanner.blog.me/150131019563

최근 여론조사 결과 문재인이 두각을 나타내더니 오늘은 박근혜와의 양자대결서 처음으로 0.5%(문재인 44.9% 박근혜 44.4%) 앞섰다는 보도가 나온다.

하지만 다자대결에서는 여전히 박근혜가 우위(박근혜 31.2% 안철수 21.2% 문재인 19.3%)를 보이고 있다.

여론조사 결과를 두고 일희일비(一喜一悲)할 필요는 없겠지만, 최근 여론조사 결과의

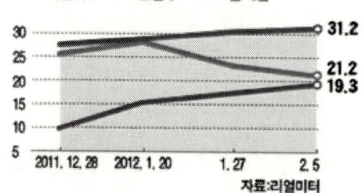

양자대결 때 지지율 단위:%, 2월 5일 조사

박근혜 **40.0** : **51.5** 안철수

박근혜 **44.4** : **44.9** 문재인

다자대결 때 지지율 추이 단위:%

━ 박근혜 ━ 안철수 ━ 문재인

31.2
21.2
19.3

2011. 12. 28 2012. 1. 20 1. 27 2. 5

자료:리얼미터

추이는 뚜렷한 메시지를 준다.

박근혜의 인기는 힘을 잃고 있다.

안철수의 인기는 여전하지만 진보 성향 지지층과 상당부분 겹친다.

박근혜와 안철수의 대결구도에서 문재인이 힘을 얻고 있다.

필자는 박근혜 전 대표를 지지한다. 안철수 원장도 지지한다. 문재인은 잘 몰라서 아직은 모르겠다.

이런 생각은 지금도 별반 차이는 없지만 1년 전과 비교하면 차이가 느껴진다. 그것은 박근혜 비대위원장에 대한 실망이다.

박근혜 전 한나라당 대표에 대한 응원의 마음은 그가 정치인은 약속을 지켜야 한다는 원칙을 몸소 보여줬고, 당이 어려울 때마다 희생하는 모습을 보여줬기 때문이다.

여기에다 사실상 당의 중심에 있었지만 비주류를 대표했고, 이명박정부 탄생의 일등공신이면서도 그에 맞는 대우를 받지 못했다는 측은지심(惻隱之心)과 온당치 못한 정치현실에 대한 기분 나쁨이 합쳐져 더 응원했던 것 같다.

(박근혜 전 대표와 직접적인 인연이 없고, 박정희 전 대통령에 대한 별다른 추억이 없는 세대가 가지는 느낌은 필자와 비슷할 것 같다.)

하지만 한나라당이 비상대책위원회 체제로 들어서면서 오늘까지 비대위 운영 모습을 보면서, 전에 가지고 있던 박근혜에 대한 이미지가 많이 손상되었다.

멀리 갈 것 없이 오늘 기사만 훑어본다.

박근혜 비대위원장이 4.11 총선에 불출마해도 별다른 감흥이 없다. 그것은 그가 대권후보라는 상식 때문이다.

친박 중진 의원들이 출마 하겠다는 의사를 밝혔다. 지금까지 친이계 중진의원들의 용퇴를 암묵적으로 압박해온 것으로 느끼고 있다. 그래야 재미는 있다. 그러나 이 때문에 필자의 측은지심은 친이계 중진의원으로 향한다.

말 많고 탈 많은 당명 '새누리당'. 필자 역시 비대위가 결정을 내리기 전까지 당명 개정 자체를 반대한다고 수차례 강조했다.

그럼에도 결정이 내려졌을 때 수긍하고 받아들였다. 그런데 비대위에서 '재고'의 여지가 있단다.

박근혜 전 대표에게 가졌던 이미지는 이랬다. 뭔가 결정을 내리기 전까진 정말 신중한 모습을 보였고, 결정을 내린 이후에는 그것을 실천하는 데 주력하는 모습을 본 필자는 그가 말하는 '원칙과 소신'은 정말 믿을 수 있겠다고 생각했다. 하지만 최근에는 이런 믿음이 약해진다는 것을 느낀다.

새누리당(한나라당)은 19대 총선에서도 분명 많은 의석을 가지게 될 것이다. 민주통합당도 물론 많은 의석을 가지게 될 것이고, 다른 어떤 정당도 그 영향력에 따라 의석을 차지할 것이다.

각 정당이 가진 영향력의 차이에는 변화가 있겠지만 현재 국회를 구성하고 있는 정당들을 19대 국회에서도 확인할 수 있을 것이다. 이런 생각을 가진 필자로서는 다시 한 번 '책임정치'를 강조하지 않을 수 없다.

박근혜 전 대표, 대통령을 하겠다는 사람이 요즘은 너무 작아진 모습이다. 그가 보여줬던 '원칙과 소신' 그리고 '실천'을 다시 확인하고 싶다.

더 큰 정치를 보여주길 바란다.

약자를 위한다는 말에는 강자였다가 약자가 된 사람을 포용할 수 있다는 의미도 있으리라.

포용할 줄 아는 사람이 역사의 흐름을 바꾼다.

그가 말하는 미래를 국민들이 믿을 수 있게 하는 사람이 선택을 받는다.

◆ 03.27 의외의 격전지 인천 남동갑

http://bigplanner.blog.me/150135055140

총선돋보기를 시작한 이후 서울 강남을과 부산 사상구 외에 다른 지역은 여러 이유로 다루지 못했다. 주요 포털에서 격전지 정보를 전

면에서 제공하고 때문이다. 그래서 오늘은 중앙 언론이 다루지는 않았지만 정말 흥미로운 격전지 인천 남동갑을 다뤄보려 한다.

인천은 전통적으로 특정 정당 편중 성향을 보이지 않고, 당시의 전국적인 정당 성향이 그대로 반영되는 지역이다. 때문에 인천은 선거 때마다 전국 판세의 바로미터로 상징되는 지역이기도 하다.

복잡해진 인천 남동갑의 선거 판세

이 중에서 인천 남동갑은 며칠 전까지 새누리당 국회의원이었던 이윤성 의원이 내리 4선을 한 지역구로 새누리당 강세 지역으로 분류되곤 했다.

그런데 새누리당의 공천 과정에서 이윤성 의원이 여론조사 우위에도 불구하고 공천을 받지 못하자 탈당한 후 무소속으로 후보 등록을 했다.

또한 인천 남동갑은 민주통합당과 통합진보당이 야권 단일후보를 내세웠던 곳이나 야권단일 경선에 참여하지 못한 성하현 후보가 무소속으로 후보 등록을 함에 따라 지역 판세가 더 복잡해졌다고 할 수 있다.

3월 23일 4.11 총선 후보등록 마감 전까지만 해도 새누리당 윤태진 후보, 민주통합당(야권 단일후보) 박남춘 후보, 무소속 이윤성 후보의 3자 대결 구도였다면, '2강 1약'이라면 관측이 지배적이었을 것이나 결과적으로 4자 대결 구도가 되었기 때문에 더 흥미롭다.

굳이 따지자면 '보수 VS 진보'라는 시각에서 볼 때 '(윤태진 VS 이윤성) VS 박남춘'의 구도가 '윤태진 VS 이윤성 VS 박남춘 VS 성하현'

로 바뀌었기 때문이다.

보수, 진보 진영별 판세

조금 더 들어가 보자.

우선 보수 진영이다. 이윤성 의원이 새누리당을 탈당했을 당시 언론은 그가 국민생각이나 자유선진당 등 어느 당으로 입당할 것인지에 대해 관심이 컸다. 이윤성 의원 탈당 직후 전여옥 의원도 탈당한 후 국민생각에 입당했기 때문이다.

전여옥 의원과 이윤성 의원은 둘 다 방송기자 출신으로 탈당에 이어 같은 당에 입당했다면 다양하게 기사를 쓸 수 있는 흥미로운 소재가 되었겠지만 어쨌든 결과는 달랐기 때문에 지금 다루고 있는 인천 남동갑으로 돌아온다.

이윤성 의원은 새누리당을 탈당한 이후 실제로 3월 22일 무소속으로 후보 등록을 했다. 분명 국민생각이나 자유선진당 등에서 전국적인 인지도를 가진 그를 자당에 입당시켜려는 시도가 있었을 것이다.

하지만 그는 다른 당에 입당하지 않았다. 때문에 그는 결국 18대 총선 당시 친박연대나 친박무소속 연합 후보들이 당선된 이후에 복당을 한 것처럼 그의 무소속 출마는 당선 이후 다시 새누리당에 복당하겠다는 의지를 보인 것으로 해석된다.

그럼 새누리당이 공천한 윤태진 후보는 어떨까? 1948년생으로 3선 남동구청장 출신이다. 이번 총선에 출마하기 직전에는 한국지역난방공사 감사를 맡았다.

당장 눈에 띄는 차이점은 이윤성 의원이 90년대 국민앵커로 대중의 사랑을 받았던 사람으로 15대 총선 당시 신한국당의 전략공천 모범사례였다면, 윤태진 후보는 인천시의회의원에서 구청장이 된 지역 일꾼 출신이다.

이윤성, 윤태진 후보는 나이도 별반 차이가 없는데다 국회부의장까지 역임한 사람과 구청장을 역임한 사람의 경력을 비교하기도 어렵다.

때문에 적어도 인천 남동갑 지역에서는 새누리당의 공천 결과에 대한 불만이 나올 법하고, 이윤성 의원의 무소속 후보 등록이 현실이 되었기 때문에 공천에 대한 논란은 4월 11일까지 지속될 것으로 보인다.

이제 진보진영이다.

인천 남동구는 전국에서 유일하게 민주노동당 출신이 구청장이 된 지역이다. 2010년 지방선거에서 야권단일화를 통해 얻은 결과다.

때문에 이번 총선에서도 다른 지역은 몰라도 인천 남동갑·을의 야권 후보는 단일화 될 것으로 생각되었다.

하지만 민주통합당과 통합진보당의 야권 단일후보 경선 이후 민주통합당 박남춘 후보가 야권 단일후보로 결정되었으나 같은 당 성하현 후보 역시 3월 23일 4.11 총선 무소속 후보로 등록했다. 이유가 어찌되었건 이제 야권 단일후보라는 명칭을 쓰기에는 한계가 발생한 것이다.

아마 민주통합당 후보 결정 과정에서 선거 때마다 얼굴을 보였던 지역 출신 성하현 후보는 배제되고, 타 지역 출신들인 박남춘, 안영근 후보 간 대결로 좁혀진 데 대한 불만이 있었을 것으로 짐작된다.

또한 야권단일 경선 결과도 지역 출신 통합진보당 신창현 후보가 떨어졌기 때문에 기존 남동구 내 진보 성향 지지자들의 표심에도 변화가 있었을 것으로 보인다.

이런 상황들을 종합해볼 때 어제 지역신문이 조사한 결과에 대한 이해를 더 높일 수 있겠다.

[4.11 국민의 선택] 윤태진vs박남춘vs이윤성 예측불허 접전

2012년 03월 27일 (화)   김동식 기자 dsk@kyeonggi.com

귀하의 지지 여부를 떠나 이번 선거에서
누가 국회의원으로 당선 될 것으로 보십니까?

20.8%   20.5%   1.0%   19.0%   38.7%

윤태진   박남춘   성하현   이윤성   잘모름
새누리당 민주통합당 무소속   무소속

▲ 경기일보·인천일보·OBS 공동 한길리서치 여론조사

앞으로 남은 (큰)변수는 무엇인가?

인천 남동갑의 현재 상황은 '3강 1약'이라고 평할 수 있겠다. 필자는 '1약'이 가장 큰 변수라고 생각한다. 논의에 끼지 못하는 성하현 후보가 선거 막판에 누구를 선택하느냐다.

성하현 후보는 오랜 기간 선거에 도전장을 냈지만 한 번도 당의 선택을 받지 못했다는 점, 이번 선거에서 처음 탈당했다는 점, 현재 무소속 이라는 점, 혼자 힘으로는 앞으로도 당선되기 어렵다는 현실적 한계 등으로 미뤄 볼 때 선거 후반에 다른 후보에 대한 지지선언으로 후일을 도모하는 것을 가장 이상적인 카드로 생각할 수 있을 것 같다.

또한 이런 생각이 있다면 동변상련에 처한 사람과 후일을 도모했을 때보다 강력한 힘을 발휘할 수 있겠다는 생각도 해본다.

◆ 04.04 태풍의 핵이 될 수 있는 여권 단일후보, 보수 단일후보의 길
http://bigplanner.blog.me/150135642940

현재 시점에서 '야권 단일후보'는 의미 없다

우선 계속 주장해왔던 것처럼 '야권 단일후보'라는 명칭 대신 '진보 단일후보'라는 명칭을 쓰고 싶지만 논점을 흐리고 이해를 떨어뜨릴 수 있어 여기서는 '야권 단일후보'로 쓴다.

야권 단일후보는 지난 2010년 지방선거 당시 선보여 이번 총선에서도 그대로 추진되었다. 이 과정에서 물론 잡음도 있긴 했지만 4.11 총선 공식선거운동기간인 현재 시점에서는 이미 써버린 카드라는 점에서 흥행성이 없다.

다시 말해, 현 야권 단일후보와 야권 단일후보 선정 과정에서 탈락하거나 야권에서 이탈한 무소속 후보가 연대, 단일화해도 큰 효과는 없을 것으로 예상된다는 것이다.

무소속 연대는 어떤가?

4월 2일, 창원시 진해구에서 새누리당 공천에 탈락한 백승원 전 경남도의회 의원과 야권 단일화를 위해 출마를 포기한 변영태 전 진

해시의회 의장이 무소속 김병로 후보 지지를 선언했다 .

일단 여기서의 한계는 새누리당과 민주통합당에서 선택받지 못한 사람들 간의 연합이라는 것이다.

선거는 1등만 뽑는 것이므로 고만고만한 지지율을 가진 사람들이 뭉쳐도 고만고만하다는 점에서 결정적 카드로써는 한계가 있다 하겠다.

그렇다면, '여권 단일후보', '보수 단일후보'는 어떤가?

이제 필자가 다루고 싶었던 '여권 단일후보' 또는 '보수 단일후보'다. 더 구체적으로 말하자면, 현재 1위가 야권 단일후보인 지역구에 있어 새누리당 후보와 무소속 후보의 지지율 합이 야권 단일후보의 지지율을 넘어서는 경우 새누리당 후보와 무소속 후보를 단일화 하는 것이다.

현 새누리당 후보와 자유선진당, 국민생각 등 보수 성향의 후보의 지지율의 합이 야권 단일후보의 그것보다 높은 경우 단일화 하는 것이다.

앞서 다뤘던 인천 남동갑의 경우(민주통합당〉새누리당〉무소속〉〉무소속)나 강원 원주갑과 같은(민주통합당〉새누리당〉국민생각) 경우가 여기에 해당될 수 있겠다.

'여권 단일후보', '보수 단일후보'의 예상 파급효과

필자에게 가진 능력의 한계 때문에 위와 같은 양상을 보이는 선거구를 모두 조사해 열거하진 못하지만 아마 전국적으로 십여 곳 이상은 될 것이다.

오늘은 D-day 7일. 단일화 제안, 수락 여부, 단일화 룰, 단일화 여론조사, 결과 발표, 합동 유세 등 각 하루씩만 잡아도 남은 선거운동 기간의 이슈를 '여권 단일후보' '보수 단일후보'로 선점할 수 있겠다.

선거는 1등만 뽑는 냉혹한 세계다.

1표가 뒤져도 떨어진 것은 똑같다.

이슈파이팅 상황과 평가

필자는 이윤성 의원이 19대 총선 공천을 받지 못할 것이라 예상했고, 이 의원은 실제로 공천을 받지 못했다. 예상했다고 해서 충격이 없는 것도 아니거니와 예상했다고 해서 당장의 노력을 포기할 수도 없다.

중요한 것은 현재 내가 모시고 있는 의원이 원하는 것을 충족시키는 것이 보좌진의 역할이기에 필자는 이윤성 의원이 원하는 대로 5선 의원이 될 수 있도록 그때그때의 상황에서 돌파구를 찾기 위해 고심했다.

공천이 결정되기 전에 등록한 글에서는 박근혜 대세론을 힘을 잃어가고 있는 상황을 반전시키기 위해서는 친이계 의원들을 포용하는 모습을 보일 필요가 있다는 점을 강조했다.

이 의원이 무소속으로 출마한 이후에는 인천 남동갑의 선거 판세가 복잡해 이 의원도 당선 가능권에 있다는 점을 알리는 한편, 새누리당의 후보는 이 의원에 비해 나을게 없고, 다른 무소속 후보의 지지 혹은 연대 가능성을 내비쳐 이 후보가 실제로 당선될 수 있다는 시나리오를 제시했는데, 필자의 글을 본 다른 무소속 후보 측에서 실제로 연대 의사 떠보기도 했다.

어쨌건 당선 가능성이 희박한 상황에서 돌파구를 찾기 위해 여권 단일후보 혹은 보수 단일후보를 제시했는데, 이후 새누리당은 물론 보수진영 정당에서 이런 논의가 본격화되었다.

실제로 총선 불출마를 선언한 새누리당 김무성 의원이 직접 나서 보수진영 후보들의 자발적 단일화를 촉구하는 상황까지 연출되었고, 이것을 마지막 카드로 생각한 필자가 많은 부담을 안고 밤늦게 이 후보에게 제안을 했지만 받아들여지지 않았다.

김무성 의원이 필자의 글을 보고 보수 단일후보를 제안했는지 여부는 알 수 없지만, 일개 블로거가 새로운 화두를 제시해 공론화시켜 새로운 이슈를 만들어냈다는 점에서 이슈파이터의 가능성을 엿볼 수 있는 글이라고 생각한다.

◆◆◆

제6회 전국동시지방선거

ISSUE FIGHTER

제6회 전국동시지방선거

2012년은 제19대 국회의원 총선거와 제18대 대통령선거가 치러졌다. 덕분에 이 책에서 총선과 대선을 함께 다룰 수 있었지만 3대 선거 중 하나인 지방선거가 빠진 것이 못내 아쉬웠다.

그렇다고 2014년 지방선거가 끝날 때까지 기다린다면 시의성이 떨어질 뿐만 아니라 그 사이 필자에게 무슨 일이 생길지도 모르기 때문에 대안을 찾는다.

이 책의 총선과 대선 이슈파이팅은 모두 당시의 현재 이슈를 다룬 것이다. 예언자는 아니지만, 과거는 역사가들이 다룰 것이니 기왕 책 쓰는 김에 미래 상황도 다뤄보자는 생각에서 2014년에 치러질 지방선거를 예측하면서 이 장을 채우려 한다.

제6회 지방선거의 특징

게임의 룰이 바뀐다

2013년 8월 현재 예상되는 2014년 6월 4일에 실시된 제6회 전국동시지방선거의 가장 큰 특징은 바로 기초의회의원과 기초자치단체장에 대한 정당 공천제의 폐지다.

지방선거 부활 이후 정당공천 허용 여부에 대한 논란은 끊이지 않았는데, 특히 기초의원은 2002년 지방선거까지 정당공천이 금지됐으나 2006년 지방선거부터 허용됐다.

2012년 대선에서 새누리당과 민주당 모두 기초의원과 기초단체장 정당 공천 폐지를 공약했지만, 지난 6월 2003년 당시 헌법재판소가 '공직선거법 84조(☞기초의원이 정당의 추천 또는 지지를 받고 있을 표방하지 못하도록 금지한 조항)'에 대해 위헌 판결을 내린 것이 뒤늦게 알려지면서 정치권의 고민도 커졌다.

이런 가운데 민주당은 지난 7월 기초의원 및 기초단체장에 대한 정당 공천을 폐지하자는 당론을 확정하였지만 새누리당은 아직 결정을 내리지 못했다.

정당 공천제 폐지는 법 개정 사항이기 때문에 어느 한 정당의 결정만으로는 결론나지 않는다는 점에서 민주당이 먼저 기초의원 및 기초단체장에 대한 정당 공천을 폐지하기로 한 것은 탁월한 선택이라는 평을 남기고 본론으로 들어가자면, 기초의원 및 기초단체장에 대한 정당 공천제는 완전히 폐지되기보다는 어떤 식으로든 변형될 확률이 높다.

법 개정을 통해 정당 공천제가 폐지된다 할지라도 기초의원 및 기초단체장으로 나선 출마자들은 해당 지역에서 자신이 몸담았던 정당이 유리하다면 어떤 식으로든 자신이 인기 정당의 적자(嫡子)라는 홍보를 할 것이고, 정당 공천제가 유지된다 할지라도 양대 정당이 모두 폐지를 공약했던 사안인 만큼 어떤 식으로든 기초의원 및 기초단체장 출마자의 정당 색을 빼서 '약속을 지키는 정당'의 이미지를 가지려 할 것이기 때문이다.

기본적인 선거의 구도가 다르다

지방선거는 여와 야의 대결, 혹은 집권당과 제1야당의 대결로 압축된다. 때문에 과거의 지방선거가 여와 야의 대결 같이 1:1의 구도였다면, 2014년의 지방선거는 2012년 대선에서 상당한 인기를 누렸던 안철수 의원이 어떤 식으로든 자신의 후보를 낼 가능성이 매우 높기 때문에 1:1:1, 3파전이 될 선거구가 매우 많을 것이다.

그리고 2014년 지방선거가 2파전이냐 3파전이냐를 가늠할 수 있는 잣대는 2013년 10월의 재보궐 선거가 될 것이다. 이 글을 쓰고 있는 8월 26일 현재, 안철수 의원은 10월 재보선에 야권 연대는 없고, 후보를 낼 것이며, 창당 노력중이라고 밝혔기 때문이다.

결국 2014년 지방선거가 3자 구도로 흐른다고 했을 때 과거의 지방선거와 비교해 달라지는 것들은 무엇일까?

우선은 지방선거의 구도에 대한 유권자들의 관심이 커질 것이다. 과거 여야 대결, 2파전이라는 단순 구도가 제3 세력의 등장으로 복잡해지는 것이므로 관전자들의 관심이 더 커지는 것은 당연지사다. 관심이 지지로 옮겨간다고 단정할 순 없지만 상당한 연결고리는 될 수 있다는 점에서 새누리당과 민주당에서도 관심을 가질 수밖에 없다.

민주당이야 색깔이 비슷해서 지지기반을 나누기 때문에 그럴 수 있다지만 새누리당도 관심을 가질 수밖에 없다는 것은 쉽게 이해가 가지 않는다.

가령, 전통적인 새누리당 강세 지역이지만 최근에 약해되고 있는 지역이 있다고 하자. 이곳 주민들의 그간 투표행태는 새누리당 후보가 마음에 들지 않는 면이 있어도 민주당은 더욱 싫기 때문에 새누리당 후보에 표를 주었다면 안철수 정당 후보라는 대안이 생겼을 때 어떻게 바뀔지 모르는 것이다.

국정지지도가 높다

대선 이후에 치러지는 총선이나 지선에서 빠지지 않는 야당의 구호 중에 하나가 바로 '정권 심판론'이다. 과거 우리나라의 대통령 지지도는 통상 선거 직후 가장 높아 정점을 찍었다가 이후 지속적으로 떨어졌고, 이에 따라 대선 이후 지선과 총선에서는 정권 심판론이 항상 힘을 얻었었다. 그런데 박근혜 대통령의 지지도는 사뭇 다르다.

취임 직후 정점에 있어야 지지도는 그렇지 않았고, 6개월이 지난 지금은 오히려 상승곡선을 그리고 있다. 지방선거까지는 아직 10개월 가까이 남았지만 대통령에 대한 지지도가 전 정부와는 다른 모습을 보이고 있는 것만큼은 분명하므로 이것이 지방선거에 어떤 영향을 미칠지는 좀 더 분석을 해봐야 할 것이다.

지방선거 출마자의 기본 전략

자신의 경쟁력을 파악하는 것이 우선이다

대통령선거, 국회의원선거, 지방선거 등 선출직 공무원을 뽑는 선거에서 후보자가 자신이 속한 정당의 지지도는 매우 중요하다. 출마자의 경쟁력이 상대 후보에 비해 높다하더라도 정당의 경쟁력이 확연히 떨어진다면 승리를 장담할 수 없는 것이 선거판의 현실이다.

때문에 선거 출마를 고려하는 사람들은 정당에 대한 고민을 치열하게 할 수 밖에 없다. 때론 고민이 커져 탈당과 입당을 함께하기도 하고 무소속이 되기도 하며 출마를 포기하게 만들 만큼 출마자에게 있어 정당의 영향력은 큰 것이다.

물론 반대의 경우도 있다. 출마자의 경쟁력이 정당의 그것보다 높다면 정당의 이름은 별로 중요하지 않다. 하지만 현실에서는 정당의 경쟁력이 출마자의 그것보다 훨씬 높은 것이 대부분이다. 사람들은 각종 미디어, 매체 등을 통해 쉽게 접할 수 있는 정당은 알고 있지만, 각종 봉사활동에다 지역 일을 도맡아 처리하는 앞집 아저씨에 대해서는 모르기 때문이다.

현실은 그렇다고 인정할 수 있는데, 그럼에도 자신의 경쟁력을 파악하는 것이 왜 우선이란 말인가?

출마자의 경쟁력이 낮다.
출마자의 경쟁력은 해볼 만하다.
출마자의 경쟁력은 높다.

자신이 출마 예정자라면 위 3가지 분류 중 어디에 속하는가를 객관적으로 판단을 해야 선거운동의 기본 전략을 짤 수가 있다.

1. 출마자의 경쟁력이 낮다.
출마자의 경쟁력이 낮다면 각종 선거운동에 있어 자신보다는 자신이 속한 정당을 내세우는 것이 유리할 것이다.

2. 출마자의 경쟁력은 해볼 만하다.
출마자의 경쟁력이 해볼 만한 수준이라면, 각종 선거운동에 있어 자신과 정당을 적절히 병행해 홍보하는 것이 유리할 것이다.

3. 출마자의 경쟁력은 높다.
출마자의 경쟁력이 높다면 정당보다는 자신의 비전을 이야기하는 것이 유리하다.

이렇게 당연한 말을 왜 하는가 하면, 정해진 시간 동안 상대가 있으며 단 1인만을 뽑는 선거판이란 공간에서 출마자는 평소의 이성을 그대로 유지하기 힘들다. 흥분상태가 지속되니 오판을 하는 경우가 많아진다는 것을 당연하게 받아들이고 기본에 대해 항상 유념해 두고 있는 것이 좋다는 취지에서다.

기초의원과 기초단체장, 광역의원과 광역단체장

기초의원 및 기초단체장에 대해서는 형식적으로든 정당 공천을 실시하지 않는다는 전제 아래 기본 전략을 짜 보자.

지방선거에 출마하기 위해서는 예비후보 등록을 하고, 추후 정식 후보 등록을 하는데, 정식 후보 등록을 하기 위해서는 정당의 공천을 받아야 한다. 하지만 기초의원 및 기초단체장에 대해서는 형식상 정당 공천을 하지 않는다면, 이런 변화에 어떻게 적응하는 것이 유리할까?

우선 기초의원 출마자 상당수는 인지도가 떨어진다는 점에서 자신이 정당의 적자(嫡子)임을 알리는 데 주력할 확률이 높다. 기초의원에 대한 정당공천제가 폐지된다면 정당 우산을 쓰고 싶어 하는 출마자들은 자신이 정당의 적자라고 해도 어차피 이를 공식적으로 확인해주기가 어렵다는 제도적 혹은 분위기를 충분히 활용할 가능성이 높다는 이야기다.

더구나 기초의원은 후보자도 많기 때문에 정당이 일일이 누가 적자라고 확인해주긴 더욱 어려운데다, 이런 식으로라도 경쟁력을 갖춘 이가 나타나 당선이 된다면 손익계산서가 어떻게 나올지는 그때

가봐야 알 수 있다. 때문에 정당은 굳이 지방의원 선거에 관여하지 않을 확률이 높을 것이다.

기초단체장의 경우는 지방의원보다 후보자 수가 적고, 후보자의 인지도도 지방의원 후보보다 상대적으로 높다. 비교적 구도가 명확한 선거에서는 후보자 개인의 경쟁력이 더욱 강조된다는 점과 광역단체장에 비해 지역 일꾼의 이미지가 더욱 각광을 받는다는 점을 충분히 고려할 필요가 있다.

다시 말해, 'OO지역에 가장 필요한 사람은 누구다'라는 흔한 논리가 더 힘을 받을 것이다. 더구나 소속 정당을 표기하지 않을 확률이 높다면 기초의원 후보에 비해 본인의 경쟁력과 지역일꾼으로서의 자질을 홍보하는 것이 대세가 될 확률이 높다는 것이다.

이제 광역의원과 광역단체장으로 옮겨가보자.

룰이 바뀌지는 않았다. 하지만 기초의원 및 기초단체장에 대한 정당공천제 폐지 논의가 결론이 어떻게 나왔든지 활발했던 것만은 사실이므로 직전 선거에 비해 정당을 강조하는 행태는 줄어들 것으로 보인다.

하지만 광역의원 후보의 경우 기초의원과 마찬가지로 낮은 인지도를 극복하기 어렵다는 점과 함께 제도가 바뀌지는 않았으므로 직전 광역의원선거 행태와 비교해 크게 바뀌는 부분을 없을 것으로 예상된다.

그렇다면 광역단체장의 경우는 어떨까? 광역단체장 선거는 대통령 선거 다음으로 넓은 선거구에서 치러지는 선거이기 때문에 전통적으로 인물론이 강조되는 것이 사실이다.

예를 들어, 박원순 현 서울시장은 내년 지방선거에도 다시 도전할 것으로 예상되는데, 어느 정당으로 나올 것인가가 대중의 관심사다. 하지만 이는 성격이 조금 다르다. 박원순 시장의 현재 지지도가 꽤 높은 수준이기 때문에 민주당으로 나오든, 안철수 의원의 정당으로 나오든 그것이 서울시장 선거의 승패를 결정하는 정도의 영향력은 발휘하지 못할 것이다. 때문에 언론도 정당의 선택보다는 박원순의 선택에 주목하는 것으로 보인다.

여기에 한 가지 변수를 더 넣어보자. 앞서 박근혜 대통령에 대한 지지도가 과거 정부의 그것과는 다른 모습을 보이고 있다는 것을 말했는데, 이 점이 내년 지방선거에는 어떤 영향을 미칠까?

일단 지방선거 단골메뉴인 '정권 심판론'의 힘이 약해질 것이다. 그렇다면 여야를 확실히 구분해 너는 문제 많은 정부여당의 후보이므로 당선되어서는 안 되는 논리가 안 통한다는 것이고, 이 말은 정당의 후보자에 대한 영향력이 약해지는 것과 직결된다.

종합해보면, 내년 광역단체장 선거의 경우 과거 어느 때보다 정당이 아닌 인물론이 강조될 것이다.

때문에 그렇게 자신의 인지도를 높인 후에 정당의 지지도를 자신에게 가져가려 노력한다.

도전하는 내가 좋다

'이슈파이터'라는 주제로 책을 쓰자고 마음먹은 뒤 고민은 날로 커졌다.

처음에는 분량을 채워줄 기본 내용은 이미 블로그에 충분히 등록되어 있기 때문에 개별 내용이 이슈파이팅의 용도로 어떻게 활용되었는지 정도만 풀어놓으면 될 것이고, 전자책이나 POD의 특성상 손쉽게 수정판을 낼 수 있기 때문에 어떻게든 완성만 하면 된다고 생각했다.

하지만 막상 시작을 할 수가 없다. 신조어라 할 수 있는 '이슈파이팅'에 대한 개념 정의도 없이 여기에 쓴 것들이 바로 이슈파이팅이라 말하기가 참으로 껄끄러운 것이다.

때문에 이슈파이터, 이슈파이팅, 이슈메이커, 이슈메이킹에 대해 나름의 정의를 내리고 나니 이제는 블로그에 등록된 포스팅을 어떻게 해야 이슈파이팅의 예로 쉽게 표현할 수 있느냐가 고민이다.

선거 당시야 그날그날 이슈를 언론을 통해 접한 후 자료수집과 다른 이슈파이터의 글을 보며 이슈에 대한 판단을 내렸지만, 지금은 선거도 끝났고 예로 든 사례들도 대부분 죽은 이슈가 되었다. 떨어지는 현장감과 현실감을 어떻게 극복하느냐가 문제인 것이다.

일단은 '이슈파이팅 전 상황은 이러했는데 어떤 점을 가지고 대응을 한 이후에는 이렇게 바뀌었다'는 식으로 상황을 설명하는 방식으로 가닥을 잡는다.

여기까지 왔음에도 고민이 더욱 커진다. 이제는 이것을 출판해야 되느냐 그냥 혼자 간직해야 하느냐는 문제다.

여러 선거 이슈들에 대해 '어떤 사람이 의도를 가지고 이렇게 했다고 카더라'는 소문이 걱정이다.

사실 필자는 사회적 위치나 명성도 없고 돈도 없다. 이런 사람이 이 같은 문제로 과연 이슈메이커가 될 수 있을까? 뭐 된다 하더라도 그것은 오히려 좋은 기회가 될 수 있을 것이다. 그래 이미 책을 내려고 마음먹은 터라 이렇게 위안 삼고 넘어가려는데 마지막까지, 지금 이 순간까지 고민하는 것은 바로 나의 이미지다.

많은 사람들이 현실 정치를 추악하게 본다. 비판하고 비난한다. 그도 그럴 것이 아무리 비난해도 별로 바뀌지 않기 때문이다.

더구나 이 책에서는 어떤 이슈에 대해 사실상 어느 한 쪽에 있는 사람이 객관성을 바탕으로 자신의 주장을 효과적으로 펼치는 방법을 다루고 있으니 심약한 필자가 걱정을 안 할 수 없다.

하지만 2013년 2월 〈이슈파이터〉 전자책을 출판했고 3월에는 교보문고 POD서비스를 이용해 종이책도 만들어봤지만 걱정할 만한 반응은? 없었다.

'어차피 별 문제도 없었는데, 서점에서 팔리도록 해보자.' 서점유통 출판을 지원해주는 북랩을 통해 〈이슈파이터〉를 다시 출판하게 되었다. 상황이 이렇다보니 출판사가 여러 곳이 되었고, 전자책은 물론 POD 출판물까지 여러 종류의 이슈가 출판되어 혼란스럽다. 다행히도 정리(?)가 가능해 최종적으로는 북랩을 통해 완성한 〈이슈파이터〉만 남을 것이다.

하지만 필자에게는 이런 과정이 너무나 즐겁다. 새로운 분야를 알아가며 도전하는 삶. 걱정이라면 꼬~옥 바쁠 때 하고 싶은 일이 더 많아진다는 것뿐이다.

후기를 쓰고 있는 이 순간도 언젠가 시도해보리라 다짐했던 정치소설에 대한 구상으로 머리가 복잡하지만 묘한 흥분으로 아드레날린이 분비되는 듯하다.

제목은 '복지국가'로 하자. 아무래도 딱딱한 전문서적보다야 재미있는 소설로 대중에게 다가가는 것이 좋겠지? 나에게 질문하고 답하며 머릿속에 그려진 이미지들을 빨리 글로 옮기고 싶은 마음이 가득하지만 당분간은 본업에 충실해야겠다. 먹고 살아야 하니까. 함께 행복해야 할 가족이 있으니까.

그러고 보니 후기를 쓰면서 흥에 겨워 가장 중요한 것을 빠뜨릴 뻔했다.

부족한 저의 글을 끝까지 읽어주셔서 감사합니다.

독자 여러분은 복 받으실 겁니다. *^^*